Kurt F. Richter
Heinrich Fallner

KREATIVE MEDIEN IN DER SUPERVISION

UND PSYCHOSOZIALEN BERATUNG

URSEL BUSCH FACHVERLAG FÜR SOZIAL-, BILDUNGS- UND KULTURARBEIT . HILLE

HERAUSGEBER:

PWI   Privates Weiterbildungsinstitut für Beratungs - und
Bildungsarbeit GmbH . Amselstraße 13 . 4955 Hille 7
Telefon: 05734–5757 . Telefax 05734-3049
Geschäftsleitung: Ursel Busch
Studienleitung: Heinrich Fallner

ZU DEN AUTOREN :

Kurt F. Richter :

Dipl. - Psych. (BDP), Supervisor (DGSv) für
Sozial -, Bildungs- und Kulturarbeit,
Gestalttherapeut,
Dozent für Sozialpsychologie und Beratung
an der Akademie Remscheid

Heinrich Fallner:

Supervisor (DGSv) für Sozialarbeit, Systemische Therapie und Beratung,
Lehrsupervisor, Bibliodramaleiter (VKS),
Studienleiter des PWI Privates Weiterbildungsinstitut für Beratungs- und Bildungsarbeit GmbH

Zeichnungen   : Heinrich Fallner
Satz und Layout : Willy H. Busch
Druck   : "Pirol" Werbedruckerei, Minden

I S B N   : 3 - 927370 - 00 - 2

Ursel Busch Fachverlag
Amselstraße 13 . 4955 Hille 7
Telefon 05734-7918 . Telefax 05734-3049

KREATIVE MEDIEN IN DER SUPERVISION

UND PSYCHOSOZIALEN BERATUNG

9

In diesem Buch befinden sich Beiträge, die auf der Fachtagung 1987 "Kreative Medien in der Supervision" in der Akademie Remscheid als Referate und Arbeitsgruppeninhalte, als ein Teil des Gesamtprogramms, präsentiert wurden.

Weiterführend ist die Prozessuale Diagnose, im Zusammenhang mit dem Einsatz kreativer Medien im Beratungsprozeß , beschrieben.
Kurt F. Richter und Heinrich Fallner haben in diesem Fachbuch einen notwendigen Beitrag zur Dokumentation des Konzept - Standes medienintegrierter Supervision und Beratung erstellt.

Ferner wird anschaulich, daß dieser Ansatz eine Vielfalt von Ausdrucksformen zum Erleben, Handeln und Reflektieren, in Ergänzung zum sprachlichen Teil der Supervision, ermöglicht.

Der Einsatz kreativer Mittel bedeutet nicht nur eine Verlebendigung der (sprachlichen) Reflexion, sondern ist ein wesentlicher Zugang zur (nicht - sprachlichen) analogen Kommunikations - Modalität im Supervisions - Prozeß.

Mit diesen Beiträgen möchten wir Ihre Aufmerksamkeit für die Arbeit mit kreativen Mitteln in der Beratung gewinnen.

Ebenso sind wir interessiert an Ihren Erfahrungen und Ergebnissen . Entsprechende Rückmeldungen können auf Ihren Wunsch hin einer interessierten Fach - Öffentlichkeit über den Fachverlag vorgestellt werden.

Willy H. Busch , Herausgeber
Vorsitzender des Verbandes für Kommunikationsberatung und Supervision e.V.

'Ein Köfferchen mit Krimskrams'

Ausdrucksmaterialien in der Supervision

..... **Wollfaden** .....
eine 'Ein-Lassungs'-Übung

..... **Baukasten** .....
kleine Fläche - große Szene

..... **" Zwei - Seitig "** .....
Dialog / Polarität / Konflikt

..... **Ansichts-Karten** .....
Ansicht / Eindruck / Aussicht

..... **Beziehungs-Raum und Dia-gnose** ....
von der Darstellung zum Ausdrucksprozeß

..... **'Koffer-Raum' und 'Zeit-Punkt'** .....
Materialschlacht' ist keine Supervision

..... **Kontrakt - Teil** .....
"worauf man sich einstellen kann"

..... **Zusammengefaßt** .....
Ausdrücken, Verstehen und Fokussieren

Wesentlich für die Supervision ist es, daß Praxis-Szenen in ihrer Erlebnis-Wirkung und Handlungs-Richtung verstehbar werden. Verstehen ist die Voraussetzung für systematisches, tiefendes und umfassendes Reflektieren und Er-klären von Zusammenhängen im beruflichen Erleben und Handeln.

"Eingefrorene Muster, zerfließende Bewegungen, ausbalancierte Kreisläufe" oder entwicklungsträchtige Beweglichkeiten im Zeitkontinuum sind nicht abstrakt. Sie drücken sich auf vielfältige, leicht oder schwer erkennbare Weise in Beziehungs-Räumen und Zeitabläufen aus.

Das Wahrnehmen und Erkennen der sichtbaren Phänomene ist eine wesentliche Voraussetzung für die Diagnose, Zielentwicklung und Intervention in der Supervision. Das sprachlich-digitale Instrumentarium ist in der Supervision gut entwickelt. Weniger ausgeprägt sind 'Erfassungs-Potentiale' im non-verbalen und zwischensprachlich-analogen Ausdrucks- und Kommunikationsbereich.

Das WAS, WIE und WOZU ist - in seiner Klarheit und Unklarheit - häufig im analogen Beziehungs-Ausdruck prägnanter als in der sprachlich-digitalen Mitteilung. Diese Prägnanz ist zum Erfassen und Erschließen der noch unbenennbaren, aber wirksamen Bedingungsfaktoren im beruflichen Handlungs-Zusammenhang ein 'bedeutsamer' Einstieg.

In diesem Beitrag werden einige Materialien vorgestellt, die im Kontext der Supervision den Ausdrucks-Prozeß fördern und durch analogen Ausdruck die weiterführende Reflexion unterstützen.

Wir beginnen nicht mit einer umfassenden Körper- und Bewegungs-Erfahrung, sondern mit einem 'weichen' Wollfaden. - PAUSE - Versuchen Sie hier und an diesem Tag ruhig zu werden. Ruhig werden ist noch etwas anderes als die Sprache einstellen. - PAUSE - Atmen Sie ruhig - PAUSE - : "Ich habe jetzt einen Faden, einen Wollfaden." - PAUSE - Lassen Sie sich nicht ablenken, bleiben Sie ganz bei sich selbst. - PAUSE -

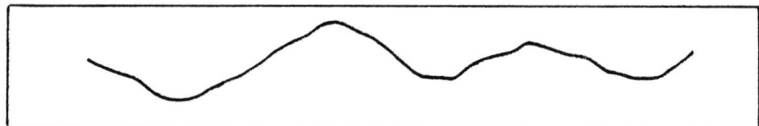

Legen Sie den Wollfaden vor sich, auf den Tisch. - PAUSE - .... und versuchen Sie die Augen zu schließen; auch wenn es Ihnen nicht gelingt, ist das in Ordnung. - PAUSE - ..... nehmen Sie mit den Händen Kontakt zu dem Wollfaden auf und ertasten Sie ihn.

- PAUSE - Spüren Sie den Kontakt zwischen Ihren Händen und dem Wollfaden. -PAUSE - Was will in die Hände? Über den Kontakt in den Wollfaden? - PAUSE - Lassen Sie Ihren Impulsen freien Lauf. - PAUSE - Spüren Sie sich dabei. - PAUSE - Lassen Sie Ihre Impulse eine Ausdruck finden im Wollfaden. - PAUSE - Lassen Sie sich Zeit- und Ausdrucksraum. - PAUSE - Folgen Sie ganz den Impulsen in ihrem Ausdruck. - PAUSE - Eine Form entsteht, eine Figur, ein Symbol, ein Ausdruck. - PAUSE -

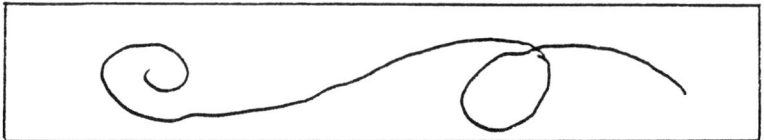

Sie sind jetzt ganz hier - eine Bewegung von Ihnen, eine Befindlichkeit, ein Gedanke, ein Gefühl ist in dem Faden zu finden, als Ausdruck in einem Symbol, einer Figur, einer Form. - PAUSE - Lösen Sie sich langsam von dem Wollfaden - er liegt vor Ihnen. - Was für eine Form mag er jetzt haben? Wenn Sie die Augen geschlossen hatten, dann öffnen Sie sie jetzt ganz, ganz langsam, ganz vor-sichtig. - PAUSE -

Da liegt er - Ihr Faden - mit Ihrem Ausdruck. Schauen Sie ihn an - in Ruhe - wie liegt er da - was drückt er aus? Welche Botschaft steckt in ihm - und wer soll sie erhalten? - PAUSE -

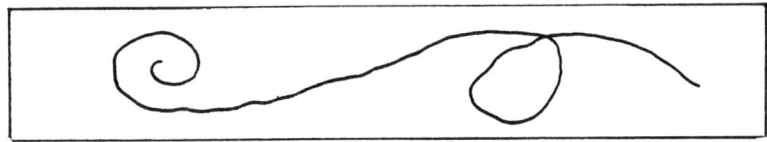

Schauen Sie sich Ihren Wollfaden an - was drückt die Form, die Figur, das Symbol aus - jetzt und hier, an diesem Tag? Gönnen Sie sich ein paar Assoziationen, Verbindungen und Gedanken: "Was hat der geformte, symbolhaltige Wollfaden mit mir, meiner Befindlichkeit, mit dem, was mich bewegt, beschäftigt - oder auch nicht beschäftigen soll - zu tun?"

Lösen Sie sich von Ihrem Wollfaden; lassen Sie ihn - lassen Sie ihn liegen - so wie er liegt. Und schauen Sie langsam - behutsam zu dem Faden Ihres Nachbarn / Ihrer Nachbarin. - PAUSE - Und schauen Sie weiter im Kreis zum übernächsten Wollfaden und zum über-übernächsten Faden. Und 'gehen' Sie mit Ihrem Blick wieder zurück zu Ihrem Nachbarn, zu Ihrer Nachbarin.

Tauschen Sie sich einen 'Augenblick' aus - entscheiden Sie wer anfängt:

"Was ist in meinen Faden gegangen?!"
"Welche Spuren der Vergangenheit, Gegenwart und Zu-haben gerade jetzt in diesem Faden ihren Ausdruck gefunden?"

Vergleichen Sie auch einen Augenblick Ihre Fäden. Worin ähneln sie sich, worin sind sie ganz unterschiedlich?

"Was habe ich ausgedrückt?"
"Was habe ich von meinem Nachbarn gesehen, gehört, mitbekommen über seinen Ausdruck, über seine Einstellung, jetzt - heute?"

- PAUSE -

Wenn Sie möchten, dann nehmen Sie Ihren Faden an sich, nehmen Sie ihn mit in diesen Tag - es ist Ihr Faden.

Material-Variationen:

Für Einstiegs-, Ausstiegs- und "Zwischen-Symbole" der Supervisions-Sitzung eignen sich auch

o Drähtchen
o Pfeifen-Reiniger
o Papilotten (biegsame Lockenwickler für Damen)
o Seil-Stücke
o u.a.

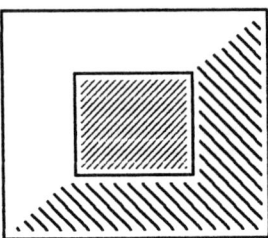

Es ist eine gängige Vorgehensweise, daß Situationen aus der Praxis innerhalb der Supervision verbal dargestellt werden.

Eine andere Form des 'Einbringens' von Praxis-Szenen ermöglicht der 'Baukasten'. Um die Szene zu differenzieren wird zunächst die Fläche verkleinert. Hier, das Tuch, der Tisch ist nun zunächst die Fläche, der Raum zur Vor- und Darstellung der Praxis-Szene. Dazu ist es wichtig, daß nicht zuviel, aber doch ausreichend Ausdrucks-Figuren im 'Koffer' sind. Beispiel:

unterschiedliche Holzfiguren
Symbole, Holzplättchen, Plastik-Ringe,
"Tönnchen", Sockel, Klötze, Fäden,
Spiegel, Karten, Filzstifte etc.

Der Supervisand baut mit dem (vorhandenen) Ausdrucks-Material die Szene aus der Praxis, wie immer sie auch geartet sein mag, im 'Wahrnehmungs-Raum' der Supervision auf. Im Aufbau der Szene ist erfahrungsgemäß schon eine notwendige Zeitverzögerung ('Bremse') im Vergleich zur ausschließlich verbalen Situationsschilderung. Es passiert quasi eine **" Szenen - Beschilderung "** Der Supervisand bekommt in diesem Prozeß erfahrungsgemäß einen guten Kontakt zu dem was er darstellen will , gleichzeitig wir deutlich, was er an Selbst- und Fremd-Hinderung, Über-Sehungen, Über-Zeugungen, Ein- und Über-Ebnungen etc. ausdrückt. Er differenziert also bereits im Aufbau und "artikuliert" sich (mit oder ohne Worte!) dabei innerhalb der Supervisions-Beziehung. Der Prozeß des Szenen-Aufbaus auf kleinem Raum wird anders (als 'nur' hörend und körpersprachlich) wahrnehmbar und differenzierbar. **Abläufe** werden **sicht - bar** .

Die Art des Szenen-Aufbaus, ist natürlich auch mit Materialien möglich, die sich in unmittelbarer Umgebung befinden, z.B. Teller, Tassen, Löffel, Büro-Hilfsmittel, ja auch Putz-Schrank-Inventar läßt sich einsetzen. Dies betone ich deshalb, weil nicht der 'ausgereifte Baukasten' das Medium ist, sondern das Material, welches die **Darstellung in den Ausdrucks - Prozeß** bringt und diesen zugleich 'verzögert'! In der Zeit-Verlangsamung liegt die Chance zum Szenen-Kontakt und zur 'Reflexions-Reife'. Etwas anderes halte ich noch für bemerkenswert: Die Szene, nachdem sie so aufgebaut wurde, ist hier handwerklich-anschaulich veränderbar. Die Vorsatzbildung kann bereits mit einer Veränderungs-Bewegung 'in Beziehung gesetzt' werden.

Bietet die 'Supervision-Örtlichkeit' genug Fläche, so **kann** die Szene auch mit den 'Körpern' der Supervisionsbeteiligten und größeren verfügbaren Utensilien gestellt und in Ausdruck gebracht werden. Allerdings ist dies nicht nur eine Frage der Fläche, sondern insbesondere eine Frage an den Arbeitsansatz und die Kompetenz des Supervisors.

Beim 'großflächigen Stellen und Ausdrücken' sollte der Supervisor auf jeden Fall Erfahrung mit Statuen-Arbeit, Skulpturierung, psycho- und soziodramatischen Prozessen haben, weil die Szenen häufig eine "therapiebedürftige Ladung" enthalten und in eine therapeutische Dynamik 'kippen' können.

Bedeutsam ist die angemessene Rück-Kopplung 'solcher Gefühle und Wünsche' auf das Erleben und Handeln in der beruflichen Alltags-Szene und das Reflektieren daraus resultierender Konflikte und 'Ungereimtheiten' im Beziehungsraum Supervision.

..... " Zwei - Seitig " .....
Dialog / Polarität / Konflikt

Dialoge aus der Praxis des Supervisanden lassen sich innerhalb der Supervision auf kleiner Fläche über 'Zwei-Stuhl und Mehr-Stuhl' Positions-Dialoge 'herstellen'. Dazu benötigt man ein paar Miniatur-Stühle, die in jedem Köfferchen Platz haben. Zunächst bleibt der Supervisand der 'Ausdrucks-Regisseur' und bietet seine Dialoge 'zwischen den Stühlen' an.

Im weiteren Verlauf des Ausdrucksprozesses kann durch den Interventions-Fokus sowohl der innere Dialog des Supervisanden (intra-psychische **Tiefungs-Richtung**), als auch der Beziehungs-Dialog im Praxisfeld (begegnungsmäßige **Flächungs-Richtung**) in den Wahrnehmungs- und Reflexionsprozeß der Supervision gelangen.

Die Problemtendenz des Supervisanden kann im Beziehungsraum der Supervision zum Ausdruck kommen und Resonanz im Beziehungsraum der Supervision erfahren. Es ist vorstellbar, daß sich aus dem vorgestellten Dialog eine Polarität im inneren Dialog des Supervisanden herausentwickelt oder ein Konflikt in der Praxis-Begegnung (hier in der Supervision) seinen Ausdruck bekommt.

Die Arbeit des Supervisanden an und mit seiner Dialog-Szene über das Medium 'Miniatur-Stühle' ist eingebunden im Wahrnehmungs- und Beziehungs-Resonanz-Raum der Supervision. Die Rückkopplung der Resonanzen führt nach meiner Erfahrung zu einer tiefenden und umfassenden Reflexion. Ebenso wie beim 'Baukasten' ermöglicht die Szene eine Fülle von Fragen und Gefühlen zur Einstellungs- und Veränderungsarbeit hinsichtlich der 'Rückgabe' in die Praxis des Supervisanden.

..... **Ansichts-Karten** .....
Ansicht / Eindruck / Aussicht

Ein weiteres Material, mit dem ich innerhalb des Supervisionsprozesses einen Einstieg in die Reflexion anbiete, bilden An-
sichtskarten-Serien. Ansichtskarten sind preisgünstig, erschwing-
lich und jeder Supervisor kann sich seine 'Collektion' zusammenstellen. Hier ein paar Hinweise :

- ein geschlossenes Paket mit Adress-Zettel
- ein Auge
- ein Ohr
- ein Mund
- Hände / Beine / Füße
- Körper-Partien
- Gesichter / Menschen
- Wege / Schienen
- Tiere / Vögel
- Häuser / Siedlungen
- Landschaften / Flüsse / Panoramen
- Gegenstände (Werkzeuge, Radio, Möbel)
- Alltags-Szenen / Sonntags-Szenen
- Schuhe
- Licht / Dunkel
- Stein / Höhlen
- Wasser / Feuer / Wind / Erde
- Schiffe
- ein geöffnetes Paket / Inhalt ?
- usw.

Für bestimmte Fokussierungen kann sich der Supervisor geeigne-
te 'Ansichts-Serien' zusammenstellen, z.B. Landschaften.

22

Die Gestaltung der Auswahl und Identifizierung, die Umsetzung in den 'Sprach-Raum'; Einstieg zur Eröffnung, Einstieg zur Auswertung oder zur Vorsatzbildung für die Praxis, ist aus der jeweiligen Phase heraus zu entwickeln.

Für besonders geeignet halte ich die " Befindlichkeits - Karten " (dies ist meine Bezeichnung), gemeint sind die 'Hielscher Figuren', die im Arbeitsmaterial "Sozialerziehung" des Schrödel-Verlags zu finden sind. Die Karten zeigen m.E. in präziser 'Symbolik' soziale Gefühls-Beziehungs-Szenen und bieten gute Einstiegs- und Akzentuierungsansätze für den Supervisionsprozeß. Eine weitere Variante bilden Farbkarten und - tafeln . Die nachfolgende Karte ist aus der Serie " Irene Müller, 1981 " , entnommen.

Kreativierende Materialien bieten andere und zusätzliche Ansätze des 'Aus-Drucks', als es verbale Methoden ermöglichen. Durch ihren Einsatz sollen 'reine Gesprächssituationen' nicht aufgehoben werden, sondern um 'wesentliche' Reflexionsansätze und -inhalte angereichert und erweitert werden. Auf schöpferisch-lebendige Art und Weise können Themen, Fragestellungen und Schwierigkeiten aus dem Dort der Alltags-Praxis in das Hier der Reflexionsarbeit und Meta-Kommunikation der Supervision einfließen.

Das Offensichtliche kann gesehen, betrachtet und besprochen werden. Offensichtliches befindet sich im materiellen Ausdruck (im "Produkt") und auch in der beziehungsmäßigen Definition der Supervisionsbeteiligten (Mit-Supervisanden, Supervisor) zum Ausdrucks-Vorgang und im Arbeitsprozeß.

Auf diese Weise erschließt sich über das Offensichtliche eine Fülle "verborgenen Materials", was dann in den Vordergrund der Supervisionsarbeit kommen kann. Spannungen, Konflikte, Harmonisierungen u.a. werden plastisch in ihrer **" Gegen-Über-Stellung"** zum Autor und zu den Supervisionsbeteiligten.

Alles was 'gehoben' erscheint, ist nicht in einen statischen Raum hinein ausgedrückt, sondern in einen lebendigen Beziehungs-Raum. Hier findet **Beziehungs-Resonanz** im Jetzt statt; Rückkopplung auf 'Ausgedrücktes'. Dies ist ein lebendiger, beziehungsmäßiger Arbeitsansatz, wenn er sich nicht in der Analyse dessen, was da ausgedrückt ist, erschöpft. Es sind schöpferische **und** beziehungeingebundene Reflexionen mit Vorsatz- und

Zielbildung für die berufliche Praxis. Die Arbeit mit ausdrucksfördernden Materialien ist intensiv und 'brisant'. Das, was aus der 'Praxis (-Vergangenheit)' hier im Beziehungs-Raum der Supervision ausgedrückt wird, hat eine 'an-schauliche Be-griff-lichkeit'. Dies kann zu starken "Überraschungen" führen. Andererseits kann das zum Ausdruck kommen, was durch ein 'vertrautes' Medium (z.B. Sprache) oder auch durch ein dem Supervisanden sehr bekanntes Material (beispielsweise Papier und Farbstifte) nicht zum Ausdruck gebracht wird, weil im **"Bekanntheitsgrad "** auch zugleich ein hoher **" Vermeidungsgrad "** angenommen werden darf. Der Supervisor sollte sich mit ausdrucksfördernder 'Material-Arbeit' auskennen; die Verfremdung im Material (Ausdruck) sollte angemessen sein und auf keinen Fall zu hoch, da sonst " nicht notwendige" Abwehren belebt werden.

Wie erging es Ihnen, als Sie den Wollfaden in den Händen spürten? (siehe Wollfaden - Übung)

Die 'Ausschaltung' einer 'gewissen' Kontrolle ist für den 'Ausdrucks-Prozeß' förderlich, weil so unkontrolliertes aber notwendiges 'personengebundenes' Material in die Beziehungs- und Reflexion-Szene der Supervision einfließen kann. Darin liegt die Chance des anderen **" Hebens von Material "**, was zur Reflexion (und Veränderung) ansteht.

Der Prozeß in der Supervision: die Supervisanden; die Mitglieder eines Teams 'drücken sich aus' ohne und mit Medium. Der Supervisor gewinnt 'Eindrücke' und 'Ansichten'. Auch er 'drückt sich aus', in jeder Bewegung in jedem Wort. Die Supervisanden gewinnen 'Ansichten' und 'Eindrücke'. Es kommt darauf an, daß Ausdruck sichtbar werden kann, zur 'Sprache kommt', 'durchsichtig' wird, 'Einsichten' ermöglicht und als Abgrenzung und Einlassung erkannt und akzeptiert wird. So 'müssen' wechselseitig keine festen Bilder übereinander entstehen, sondern der diagnostisch betrachtete Ausdruck ist der Einstieg zur Reflexion in die **vielseitige und vielschichtige Szene** .

Ausdrucksfördernde Materialien sind im Supervisionsprozeß gute Medien zum Einstieg in die **prozessuale Diagnose**, zu ihrer Fortsetzung und Akzentuierung, zur Veranschaulichung und Fokussierung. Die prozessuale Diagnose ist die **" Schnittmenge "** der **" Problem - Definition "** aus der Sicht des Supervisors **und** der (Ein-) Sicht des Supervisianden. Sie ist die eigentliche gültige Diagnose im Beratungsprozeß, weil sie eine **gemeinsame Diagnose** und nicht eine zu einseitig - hypothetische durch den Supervisor darstellt. In Abgrenzung zur strukturellen Diagnostik bezieht sich die prozessuale Diagnose (fast) ausschließlich auf das erkennbar Wahrnehmbare im Prozeßfluß der Supervision; sie deutet und kategorisiert nur sehr sparsam. Ausgedrücktes kann gemeinsam angeschaut werden.

" Die interaktionelle Diagnose wandelt sich ständig, während die Familie den Therapeuten aufnimmt , sich an ihn anpasst und sich neu strukturiert bzw. den neustrukturierenden Interventionen Widerstand entgegensetzt. Dabei handelt es sich wiederum um einen Unterschied zwischen unserer Art von Diagnose und der üblichen psychiatrischen Diagnose. Die individuelle Diagnose ist ein statisches Etikett, das die hervorstechendsten psychologischen Merkmale des Individuums in den Mittelpunkt rückt und davon ausgeht, daß sie sich einer Veränderung des sozialen Kontextes gegenüber resistent verhalten werden. In der Familientherapie betrachtet man den Umgang der Individuen und Familien miteinander und die Veränderungen, die sie vollziehen, als im Einklang mit dem jeweiligen sozialen Kontext stehend. Der Vorteil einer sich allmählich entfaltenden Diagnose , die den Kontext berücksichtigt, liegt darin, daß sie für die therapeutische Intervention offen ist, Diagnose und Therapie sind dann untrennbar. Diese Art der Diagnose ist auch von der Prognose untrennbar . " (S. Minuchin , Seite 166)

Ich beziehe mich nicht ausschließlich auf ein Material oder ein spezifisches Medium, sondern beschäftige mich mit 'unaufwendigen', also 'wendigen', kleinen Materialien, die den Supervisionsprozeß verlebendigen können. Hilfsmittel - helfende Mittel -, die 'Schwellen reduzieren', 'Sprach-Räume' eröffnen und die Beziehungs-Wahrnehmung im Beziehungs-Raum der Supervision erschließen.

Der Wollfaden in Ihren Händen sollte ein Beispiel geben für ein kleines, transportables und einfaches Material und Medium .

..... `Koffer-Raum` und `Zeit-Punkt` .....

'Materialschlacht' ist keine Supervision

Einen umfassenden Teil ausdrucksfördernder Möglichkeiten bieten die in der Supervision beteiligten Menschen:

- Sprache, Sprachbilder, Schüsselworte
- Körperausdruck und Bewegungsabläufe
- Kontakt- und Bewegungsrituale

Präzise betrachtet ist das 'Ausdruck' von 'Innenleben im Begegnungs-Erleben' innerhalb des Bezugs-Raumes Supervision.

Mit zielgerichteten Materialien besteht die Möglichkeit und auch Wahrscheinlichkeit, daß der Ausdruck unterstützt, gefördert und verdeutlicht wird. In diesem Sinne verstehe ich den Einsatz ausdrucksfördernder Materialien. Insbesondere sind Klein-Materialien, die unaufwendig und schnell zur Hand sind, für die Supervisionsarbeit günstig. Viele Materialien sind, wie an anderer Stelle schon erwähnt, in der unmittelbaren Umgebung vorhanden. Doch im Laufe der Zeit wird deutlich, daß mit bestimmten Materialien auch bestimmte Ausdrucksrichtungen unterstützt werden können, z.b. ob man auf den **Tiefungsbereich** oder auf den **Interaktionsbereich** hin Ausdruck fördern will. Einige Materialien haben auch gerade durch ihren Verfremdungs-Effekt ihren Verdeutlichungs-Gewinn für die Reflexion. Manche Materialien sind in der Supervision leicht annehmbar und manche 'erfreuen' sich starker Abwehr.

Hier kommt es sehr auf den bewußten Umgang der Supervisors mit 'seinem'(eingesetzten) Material an. Welche Erfahrungen macht er in seiner Supervisionsarbeit mit ausdrucksfördernden Materialien? Welche Materialien passen zu seinem Arbeitsansatz und 'gehören' in seinen 'Koffer'? Damit möchte ich verdeutlichen, daß es gut ist, wenn jeder Supervisor seinen 'Koffer packt' und nicht einen 'Material-Koffer' in irgendeinem 'Versand-Workshop' bestellt!

29

Für mich gilt, daß das Material in einem Koffer untergebracht werden kann. Ferner: Diesen Koffer, den kann ich aufmachen, den muß ich aber nicht öffnen. Ich habe nicht den Anspruch, daß in jeder Supervisions-Sitzung ein neues 'tolles' Medium zum Einsatz kommen muß. Es geht in der Supervision nicht um 'kreative Aktionen' und auch nicht um eine 'Bastelstunde', vielmehr um den situationsangemessenen und ausdrucksunterstützenden Einsatz verfügbarer Materialien im Supervisionsprozeß. Kurzform: 'Materialschlachten' sind etwas anderes als Supervision.

Für Auswertungs-Sequenzen im Längsschnitt des Supervisionsprozesses (lerndiagnostische Fragestellungen, Zielüberprüfungen, Zwischen- und Endauswertungen, Schwerpunkt-Themen, Praxis-Transfer usw.) bieten ausdrucksfördernde Materialien eine stark intensivierende Variante in der Supervisions-Methodik. Der Einsatz von Materialien ist auf keinen Fall beliebig, es sei denn man 'hangelt' sich so oder so von Sitzung zu Sitzung. Das ist natürlich nicht im Sinne des Arbeitsansatzes von Supervision. Es ist auch für den Verlauf der Sitzung zu erwägen, welches Material von der Ziel-Richtung und vom Zeit-Aufwand her passend ist. Manche Materialien (z.B. Tonerde) sind von ihrer Verwendungsart her, auf jeden Fall in der Gruppen- und Team-Supervision nur einsetzbar, wenn genügend 'Sitzung-Zeit' vorhanden ist.

Andere Klein-Materialien (z.B. Pfeifen-Reiniger für Einstiegs-Symbole) benötigen wenig Zeitaufwand, sie sind also flexibler und schneller von der Funktion und Ziel-Richtung (innerhalb der Sitzung) her zu bestimmen.

Einige Materialien (z.B. Knetmasse) haben erfahrungsgemäß eine größere Tendenz zur regressiven Stimulanz (d.h. Rückkontakt zu einer früheren Entwicklungsphase ist wahrscheinlich) als andere.

Andere Materialien (z.B. Interaktions-Malerei, 'Aufeinander-zu-malen') führen unmittelbar in den aktuellen Beziehungs-Raum mit den derzeitigen Übereinstimmungen, Konflikten und Spannungen.

Die Arbeit mit kreativen Mitteln und ausdrucksfördernden Materialien kann Bedürftigkeiten ansprechen und 'heben', die über rein verbale Verfahren nicht in dem Umfang in den 'Blick' des Betroffenen und der Supervisionsbeteiligten gekommen 'wären'. Das Material belebt die Erlebnis- und Phantasie-Struktur und wird dadurch auch zum **Kontakt - Medium** für " **aus dem Blick geratene** " Gefühle und Erlebnisbereiche, die aber (dennoch) im beruflichen Handeln Spuren haben und wirksam sind. Ausdrucksfördernde Materialien und Mittel **stimulieren** einerseits und **reflektieren** andererseits **gleich - zeitig** ungesehene Erlebnisteile.

Regression, Stagnation und Progression sind in der Supervision immer auch im Zusammenhang der beruflichen Entwicklung und Stabilität zu sehen.

..... Kontrakt - Teil.....

"worauf man sich einstellen kann"

Werden in der Supervision kreative Mittel eingesetzt , so muß dies auch Bestandteil des Supervisions-Kontraktes sein. Vor allem sollte der Supervisor verdeutlichen, mit welcher Intention und Intensivierungsabsicht erlebnisorientierte, kreative und ausdrucksfördernde Materialien und Medien für ihn im Supervisionsprozeß ihren Platz und Sinn haben. Es könnte sonst verschiedene Mißverständnisse geben, die von Anfang an die Supervisionsarbeit unklar machen (können).

Einmal könnte der Einsatz kreativer Mittel durch den/die Supervisanden rigide abgelehnt werden (was m.e. natürlich auch diagnostisch aufzunehmen wäre), weil sie von einem ausschließlich verbalen Arbeitsansatz ausgehen. Andererseits könnte es zu einer überwertigen Erwartungshaltung bei den Supervisanden kommen, was den 'Abwechslungsreichtum' ausdrucksfördernder Materialien angeht ("Wieso wird heute kein interessantes Spiel angeboten?").

Ferner könnte dieser Arbeitsansatz bei den Supervisanden Phantasien und Erwartungen wecken, die in die Richtung : "Kreative Therapie und/oder erlebnisorientierte Selbsterfahrung gehen".

Ich habe das ein wenig " überzogen" dargestellt. Dieser Teil des Kontraktes muß vereinbart sein,, damit es zu einem grundsätzlichen Einvernehmen über den Arbeitsansatz kommt und nicht von vornherein unnötige Erwartungen, Stagnationen, Machtkämpfe und Vermeidungstendenzen " programmiert " sind.

32

..... Zusammengefaßt .....
Ausdrücken, Verstehen und Fokussieren

Der Einsatz kreativer Mittel und ausdruckfördernder Materialien soll nicht ein grundlegend anderes oder ganz neues Supervisionskonzept vertreten. Es geht es um einen akzentuierten Arbeitsansatz **in der** Supervision.

Zusammengefaßt geht es im Supervisionskonzept um das **erweiterte Wahrnehmen und Verstehen von Praxis - Szenen** zur Bewußtseins - Bildung, Einsichts - Förderung, Entscheidungs - Findung und Verantwortungs - Übernahme für das eigene Erleben und Handeln in der beruflichen Praxis. Auf lebendige Weise kann mit erlebnisorientierten und ausdrucksfördernden Mitteln, Materialien und Ansätzen ein " **Hervorheben** " von personengebundenem und beziehungsmäßigem Praxis- Szenen-Material erfolgen.

Je nach Material und Arbeitsanweisung kann es sich dabei schwerpunktmäßig um eine **erweiterte Dar-legung** der Praxis-Szene oder mehr um die **Fokussierung** auf einen Konflikt, eine persönliche Schwierigkeit oder strukturelle Ungereimtheit in der institutionellen Einbindung handeln. Für die Supervision sind insbesondere die Wahrnehmungs-Erweiterung **und das** Verstehen in der Szene bedeutsam.

Auf dieser Grundlage lassen sich eine " **Ansicht und Durchsicht** " - sprich: **Dia-gnose** - erarbeiten. Auf dieser Basis lassen sich Handlungsschritte und Auswirkungen prognostizieren. Die Entscheidung und Verantwortung für den jeweiligen Handlungsschritt liegt beim Supervisanden. Seine Erfahrung, sein Handlungsgefühl und sein Beziehungserleben in diesem (Praxis-) Schritt, können in die Supervision zurückfließen und wiederum zur Verstehenserweiterung und prozessualen Diagnose-Weiter-Entwicklung führen.

Mit kreativen Mitteln kann durch die **Verlebendigung** einerseits das **Fließen** zur **Erweiterung** der Praxis-Beziehungs-System-Szene gelingen und andererseits das **Gerinnen und Festhalten** zur **Eingrenzung und Vertiefung** (portionieren, verkleinern, bremsen, verlangsamen) erreicht werden.

Der Supervisor sollte für sich 'klar-haben' welchen Fokus er einstellen will, bzw. welcher Fokus 'dran' ist. Dabei ist es wichtig, daß er auch einschätzt, auf welcher **Tiefungs - Ebene** das kreative Material und Verfahren seine Wirkung hat und haben soll.

Kreative Mittel und Verfahren fördern das 'In-Kontakt-bringen' und 'Heben' mit und von regressiven Empfindungen und Persönlichkeitsschichten, weil sie den analogen Teil der Persönlichkeit und die Beziehungsdefinition stimulieren und zum Ausdruck verhelfen.

Es ist für den Supervisionsprozeß von Bedeutung, daß der Supervisor erkennen kann, ob, wie und in welcher Intensität Regression beim Supervisanden überhaupt und vor allem bei der Anwendung kreativer, erlebnisaktivierender und ausdrucksfördernder Methoden stimuliert wird und inwieweit Regressionsstufen erforderlich sind.

An dieser Stelle ist darauf hinzuweisen, daß der Einsatz kreativer Mittel im Supervisionsprozeß nicht beliebig sein kann, sondern eine fachliche Anforderung hinsichtlich der realistischen Selbsteinschätzung, Kompetenz und Erfahrung des Supervisors erfordert.

Prozeß - diagnostisch sollte beachtet werden, an welcher Stelle - in welcher Phase - des Supervisionsprozesses; im **Längsschnitt** und zu welchem **Zeitpunkt** mit welchem **Zeitumfang** innerhalb des **Sitzungsverlaufes** ein kreativierendes Verfahren eingesetzt wird, bzw. werden soll.

Entspricht der Einsatz auch dem Supervisionskontrakt? Kann die bis hier entwickelte Arbeitsbeziehung zwischen Supervisor und Supervisand die **Dynamisierung** durch eine kreatives Medium halten? Inwieweit verändert sich die **Arbeitsbeziehung** tendentiell zur 'Abhängigkeit' , wenn regressive Teile frei werden und kann dies im Supervisionsprozeß 'eingebettet' werden?

Wenn die letzten Aspekte mehr zur " **Vor-sicht**" anregen sollten, so ist doch gleichzeitig zu fragen, weshalb so mancher Supervisor in der Entwicklung und Anwendung kreativer Interventionsformen so blockiert ist!

"Wäre Fritz Perls heute am Leben, so wäre er enttäuscht, sehen zu müssen, daß eine Vielzahl von Therapeuten seine Arbeit gedankenlos imitiert, als hätte er die letzten Worte zur Psychotherapie gesagt. Wozu vielen von uns der Mut fehlte, es vom ihm zu lernen, war sein Erfinderreichtum, seine Art dramatisches Lernen in der menschlichen Situation zu schaffen. Für Fritz waren Gestaltkonstrukte des 'heißen Stuhls' oder des 'Topdogs/ Underdogs' augenblickliche Einsichten, denen es nachzugehen galt und die dann wieder beiseitegetan wurden, so daß andere Experimente und Metaphern an ihre Stelle treten konnten." (Josef Zinker , S. 29)

Die Frage nach der Blockierung des Entwickelns kreativer Interventionen, soll uns ebenso beschäftigen wie die Einstellung auf die Wirkung kreativer Interventionen im Supervisionsprozeß.

Einige **Anregungen** für die kreative Supervisionspraxis sind in dem Buch :
Medien für kreative Gestalt - Arbeit in Beratung , Therapie und Weiterbildung von Klaus Lumma und Bernd Knüdeler (Hrsg.), Eschweiler : Lummer und Kern, 1984 , zu finden.

Kreative Methoden in Supervision und Beratung

Der Supervision ist im Laufe ihrer kurzen Geschichte die Entwicklung von eigenständigen Theorien und Methodenlehren recht schwer gefallen. Ihre wichtigsten Methoden bezog sie aus anderen, meist therapeutisch orientierten, Ansätzen, z. B. der Psychoanalyse, Kommunikations- und Systemtherapie, Gruppendynamik, Gestalttherapie, Transaktionsanalyse.

Und nun steht hier ein weiterer Ansatz, die **medienintegrierte Beratung,** zur Debatte, der auch noch in den Flickerlteppich Supervision hineingewoben werden will. Gerät Supervision damit nicht noch mehr in eine eklektizistische, theorieferne, pragmatische Ecke?

Ich finde, daß es an der Zeit ist, daß auch in der Supervision die Möglichkeiten kreativer Medien erkannt und für die Beratungstätigkeit genutzt werden! In den kunst- und kreativitätstherapeutischen Ansätzen, aber seit einiger Zeit sogar auch in der sich bis dato so spröde gebenden politischen Bildung, sind kreative Medien zu einem festen Bestandteil geworden. Der derzeit zu beobachtende bescheidene Boom an kulturellen Aktionen und kultur-therapeutischen Verfahren kommt ja nicht von ungefähr, ist Gegenreaktion auf das immer weiter fortschreitende Verschwinden von kreativem Ausdruck und Lebendigkeit im Alltagsleben (Petzold 1987).

Gemeinschaftliche kulturelle Ausdrucksformen, wie sie in religiösen oder profanen Bräuchen und Riten zum Ausdruck kamen, sind zu leeren Gesten oder ebenso leeren Konsumschlachten reduziert. Man denke hier an das Weihnachtsfest, Trauerzeremonien, Fastnacht usw. Auf dieser kulturkritischen Schiene ließe sich nun noch lange fortfahren und damit zugleich die Forderung nach Wiedereinführung einer Ausdruckskultur leicht begründen. Das ist aber nicht Aufgabe dieses Beitrages.

36

Ich möchte zunächst zwei allgemeine Überlegungen anführen, die es mir ganz natürlich erscheinen lassen, kreative Medien in die Beratungsarbeit einzubeziehen:

1. Medien sind bekanntlich Ausdrucksmittel. Sie dienen der Informationsvermittlung im kommunikativen Geschehen. Das verbreitetste und übliche Medium dieser Art ist die Sprache. Dadurch, daß man Kommunikation auf das Medium Sprache reduziert, erzeugt man einen Zustand der Ausdrucks-Beschränktheit.

2. Kreativer Ausdruck ist eine zutiefst menschliche Möglichkeit, die den meisten Menschen jedoch zwischen Kindheit und Jugend abhanden kommt. Ein Kind stellt sich nicht die Frage der Medienintegration. Es nimmt Papier und Buntstift, wenn es malen will, singt ein Lied, wenn ihm danach zumute ist, spielt mit seiner Puppe oder Teddybär Phantasien oder Probleme durch usw.

So wurde z.B. mein 7-jähriger Sohn in seiner Phantasie von bedrohlichen Gestalten geplagt. Er konnte sie nicht beschreiben, aber aufmalen. Seine 2 Jahre ältere Schwester sah die Figuren und schlug ihm vor, daraus gemeinsam eine Geisterbahn zu bauen. Der Schrecken wird im Spiel gebannt.

So viel anders sind häufig die Problemstellungen in der Supervision und die zu ihrer Bearbeitung verwendeten kreativen Medien auch nicht!

Was sind kreative Medien ?

Wir haben bereits gesagt, Medien sind Informationsmittler, Ausdrucksträger und Katalysatoren von Beziehungen. Zum Medium kann nahezu alles werden: Materialien, Dinge, Geräte, Prozesse, Handlungen. Sie sind nicht aus sich heraus Kommunikations- und Ausdrucksmittel, sie werden dazu gemacht, indem sie zu einem bestimmten Ziel oder Zweck verwendet werden (Kirchgäßner 1986).

Ein Klumpen Ton ist ein Klumpen Ton. Erst dadurch, daß ich ihn zusammen mit einer Handlungsanweisung, also zweckgebunden dem Supervisand in die Hand drücke, wird er zum Medium (z.B. um unbewußte Prozesse damit zum Vorschein kommen zu lassen). Die Art und Weise wie ein Material zum Medium gemacht und für Ziele eingesetzt wird, kann als Technik bezeichnet werden.

Ein Beispiel:

Papier und Wachsmalkreide sind Materialien. Indem ich dem Supervisand die Instruktion erteile, sich zwei Farben aus einem Kasten auszusuchen und gleichzeitig mit beiden Händen zu malen (Medium Malen) um damit bestimmte innerseelische Polaritäten zu verdeutlichen (Zweck) habe ich eine Maltechnik angewandt.

Der Anwendungszusammenhang wird dann durch eine Methode bzw. Metamethoden hergestellt, die in einem von den kreativen Medien unabhängigen Begründungszusammenhang stehen (Verfahren der Psychoanalyse, Gestalttherapie usw.) .

Medien lassen sich nach ihren Grundlagen unterscheiden in: Materialmedien, Handlungsmedien, personale Medien und technische Medien (Petzold 1977).

38

Technische Medien

Beispiele: Video, Foto, Cassettenrecorder, Computer usw. Im neueren Sprachgebrauch wird oft der Medienbegriff mit diesen technischen Mitteln gleichgesetzt.

Handlungsmedien

Beispiele: Sprache, Texte, Bewegung, Statuen, Skulpturierung, Psychodramatisches Rollenspiel, Pantomime, Puppen- und Maskenspiele etc.

Materialmedien

Beispiele: Farbe, Papier, Fläche, Malen, Zeichnen, Collagen, Tonen, Baukasten.

Personales Medium

Die Persönlichkeit dés Supervisors, mit seinen Ausdrucks- und Beziehungsmöglichkeiten seinem Wissen, Interventionsstil und Modellverhalten ist das **zentrale Medium** des Supervisionsprozesses.

Welcher Art sind nun die Informationen, die durch ein Medium übermittelt, transportiert oder gestaltet werden?

1. Die beabsichtigten Informationen, d.h. das, **was** inhaltlich zum Empfänger rüberkommen soll. Hierdurch wird die **Inhaltsebene** der Kommunikation definiert.

2. In dem **"Wie"** der Informationsübermittlung, der "Verpackung" sind eine Vielzahl von weiteren Informationen enthalten, die nicht gewollt, oft auch nicht vom Sender erkannt werden. Sie definieren die **Beziehungsebene** der Kommunikation.

3. Die Kommunikation, die Ausdrucksgestaltung steht in einem situativen Kontext, der seinerseits Informationen beisteuert.

4. Der Ausdrucks- bzw. Aussagewert eines Mediums selbst.

Die im kommunikativen Zusammenhang verwendeten Medien haben aus ihrer natürlichen Beschaffenheit heraus einen eigenen Aussagewert, senden u.U. Informationen aus, lassen nicht alles mit sich machen. Ein Klumpen Ton z.B. kann hart oder weich, braun oder weiß sein. Jede dieser Materialbeschaffenheiten bewirkt aber schon unterschiedliche Wirkungen.

Einige Medien erscheinen besser für die Autokommunikation, andere mehr für die Gruppenkommunikation, zum Selbstausdruck oder zur gemeinsamen Gestaltung bzw. zur Rezeption geeignet.

Zum Abschluß dieser Ausführungen noch eine Bemerkung zur Doppelgerichtetheit der Ausdrucksgestaltung mit Medien: In dem gemalten Bild hat sich der Maler selbst ausgedrückt. Dieser Selbstausdruck seiner Person mag Aufschlüsse über ihn selbst vermitteln. Farbwahl, Form- und gegenständliche Elemente vermitteln zugleich dem Betrachter ein Bild vom Maler. Das kreative Gestalten bzw. dessen Produkt ist also immer zugleich Aussage an den Künstler selbst und Aussage über ihn an andere.

Während in der therapeutischen und beraterischen Arbeit der **Selbstaussage** und damit Selbstkommunikation große Bedeutung zukommt, ist es in der künstlerischen Gestaltung mehr der **Ausdruck für andere.**

Die Funktion kreativer Medien

Hat ein Supervisor erst einmal begonnen, mit kreativen Medien zu arbeiten, wird er bald merken, welch weites Feld von Anwendungsmöglichkeiten sich ihm da öffnet.

1. Kreative Medien ermöglichen, daß durch sie bisher Ungesagtes ausgedrückt werden kann. Erleben kann zur Sprache kommen, für das der Kopf bis dahin noch keine Denkmuster hatte.

In den Worten von C.G. Jung:
"Aus seelischem Material wird also gewissermaßen eine andere Wirklichkeit geschaffen, eine Verstofflichung und Konkretisierung, die unser Gemüt und unsere Wahrnehmung direkt, unter Umgehung unseres intellektuellen Verstandes anspricht." (zit. nach Jacobi, 1981, S. 34)

2. Kreative Medien sprechen eine Vielzahl von Sinnen und Ausdrucksmöglichkeiten des Menschen an. Sie ermöglichen ein ganzheitliches Arbeiten, wie es insbesondere von den Schulen der humanistischen Psychologie gefordert wird.

Kreative Medien korrespondieren stärker mit der rechten zerebralen Hirnhälfte, die, folgt man der Theorie von Ornstein (zit. nach Zinker, 1982) eher für ganzheitliche, intuitive Vorgänge zuständig ist, während die linke Seite mehr analytisch arbeitet.

3. Ganz allgemein kann davon ausgegangen werden, daß die Verwendung von kreativen Medien im Beratungsprozeß die Kreativität und die Ausdrucksmöglichkeiten der Supervisanden fördert (also Grundkompetenzen eines jeden Supervisors). Während diese drei Funktionen kreativer Medien noch recht allgemeiner Art waren, werden mit den folgenden beratungsspezifische Funktionen angesprochen.

4. In der <u>Diagnostik</u> sind kreative Medien wohl bereits am längsten eingeführt und am stärksten verbreitet. Den Anfang machten hierbei die <u>projektiven</u> <u>Tests.</u>

Bei einer kontinuierlichen Arbeit mit den Medien fällt, unabhängig zu den Absichten, mit denen diese eingesetzt werden, immer auch eine Menge an diagnostischem Material für den Supervisor ab. Dies erleichtert eine prozessuale Diagnostik während des gesamten Beratungsvorgangs (Rahm 1986).

5. <u>Konkretisieren</u> <u>und</u> <u>Verdeutlichen</u> <u>von</u> <u>inneren</u> <u>Vorgängen</u>

Jeder von uns kennt das Gefühl von innerem Unbehagen, einer Ahnung, daß etwas schief läuft, ohne aber genau angeben zu können, was das denn nun ist. Oder man hat die Vermutung, daß die Gefühle, die man gegenüber einer anderen Person hegt, so nicht stimmig sind, weiß aber nicht, was nicht stimmt.

Diese Gefühls- und Erkenntniszustände lassen sich mit einem verwaschenen Bild vergleichen, bei dem keine Figur, keine Gestaltung sich deutlich abzeichnet. Damit ist aber auch nicht angebbar, was dabei der Hintergrund ist (Figur-Grund-Prinzip).

Hier können die verschiedenen Medien mit Gewinn zur Konkretisierung und Verdeutlichung herangezogen werden.

Beispiel: Ein vager Impuls kann in körperliche Bewegung umgesetzt werden. Es zeigt sich dann häufig der Ansatz eines blockierten Erlebens- bzw. Handlungsmusters, z.B. aggressive, zärtliche, greifende Bewegungsrudimente. Ein unbestimmtes Gefühl, eine vage Empfindung kann gemalt werden. In die spontane Gestaltung mit Farbe und Form kündigt sich dann manch zurückgehaltener Impuls an, nimmt Gestalt an, tritt ein in das bewußte Erleben.

Auch unklare Beziehungen zwischen zwei oder mehreren Supervisanden lassen sich auf vielfältige Weise darstellen und klären.

6. Mobilisierung und Intensivierung von Gefühlen, Impulsen und Konflikten

Hierbei geht es um einen erlebnismäßigen Zugang zu abgewehrten, ausgeblendeten oder bisher unbeachteten Gefühlsbereichen, um Wachrufen (Evokation) von vergessenen, aus dem Zusammenhang verschwundenen, Erlebnissen, Stimmungen, Bedürfnissen, Konflikten. Dabei werden oft alte, vergessene Konflikte wieder präsent und damit der Aufarbeitung zugängig.

Gefühle lassen sich durch Körperübungen (z.B. Schlagübungen), durch intensives Atmen, durch Freisetzung der Stimme intensivieren. Aber auch durch den Gebrauch von Farben (z.B. Fingerfarben) oder Materialien kann es sehr schnell zur Mobilisierung und Intensivierung von Gefühlen kommen. Das kathartische Ausleben der heftigen Gefühlsausbrüche wirkt erleichternd. Häufig ist es jedoch wichtig, daß nicht nur die Gefühle, sondern die ganze dazugehörige, konflikthafte Szene wiederbelebt und bearbeitet wird, wenn sie im Zusammenhang der beruflichen Interaktion steht.

Hierzu bieten sich dann Techniken an, wie die "Arbeit mit den 2 Stühlen" aus der Gestalttherapie, Psychodramatisches Rollenspiel, Imaginative Verfahren, Puppen- und Maskenspiel usw.

7. Einsicht gewinnen

Im Idealfall ist Einsicht ein ganzheitlicher Akt, ein Evidenzer-
lebnis, an dem Kopf, Geist und Seele gleichermaßen beteiligt
sind.

Prinzipiell sind hier auch die zuvor genannten Medien geeignet.

Zwei weitere möchte ich exemplarisch nennen: Arbeit mit Metaphern, also Geschichten, Parabeln, Märchen, Gleichnissen etc.

Beim Lesen oder Verfassen von Gedichten finden oft Einsichten einer Körper, Geist und Seele gleichermaßen erfassenden
Verdichtung zusammen.

8. Medien als Experimentierfeld für neue Erfahrungen und alter-
native Lösungsmöglichkeiten

Das Rollenspiel hat noch nicht den gleichen Ernstcharakter
wie die in ihr simulierbare Praxis. Die ersatzweise Wutattacke
auf einer Matratze verletzt keine wirklichen Menschen usw.

"Tue dem Kissen an, was Du dir bisher angetan hast" (z.B. als
Aufforderung, mit Wutimpulsen zu experimentieren). Dies ist
ein Beispiel aus meiner therapeutischen Praxis , die Verbindung zur Supervision ist jedoch unschwer erkennbar.In Phantasiereisen und Imaginationsversuchen kann man sich zunächst
einmal weniger riskant gefährlichem Neuland nähern, scheinbar
unerträgliche Szenen doch durchstehen usw. Ein Folgeschritt
könnte dann das psychodramatische Rollenspiel sein, um es
handelnd auszuprobieren.

9. Feedback, Selbst- und Fremdwahrnehmung

Ein Supervisand erzählt seinen Fall. Die übrigen Supervisanden hören zu, lassen das Gesagte auf sich wirken und malen die gespürten Wirkungen auf großflächige Papiere. Diese Bilder werden u.U. zu einer gehaltvolleren Rückmeldung auf den Fallbericht, als sprachliche Äußerungen.

Ich kann das, was ich an einem anderen Menschen wahrnehme, ihm sprachlich rückmelden. Ich kann ihm aber auch charakteristische Merkmale durch eine Pantomime spiegeln, eine Art Portrait dazu anfertigen, ihn schminken usw. Ein Feedback, das sich durch ein Medium ausdrückt, hat Gestalt angenommen. Ein Bild ist z.B. für den Feedbackgeber und -nehmer gleichermaßen sichtbar.

Als Feedbackmöglichkeit schon seit langem bewährt haben sich technische Medien, wie Video, Sofortbildkamera usw. Darauf braucht an dieser Stelle nicht weiter eingegangen werden.

10. Übende und anbahnende Funktionen

Die Möglichkeit, sich in kreativen Medien differenziert ausdrücken zu können, bedarf auch der Einübung. Die ersten spontanen Gestaltungsversuche stoßen schnell an Grenzen. So ist z.B. an ersten Malversuchen Erwachsener häufig zu beobachten, daß sie förmlich in den Kinderschuhen steckengeblieben sind. Dies läßt nun nicht unbedingt auf ein kindlich gebliebenes Gemüt des Malenden schließen. Es besagt zunächst nichts weiter, als daß er die Maltechnik wieder aufgegriffen hat, die er als Kind beherrschte, bevor er mit dem Malen aufhörte.

Meist dient die übende Funktion der Medien aber nicht nur der Ausdruckssteigerung, sondern der Verbesserung und Steigerung bestimmter Fertigkeiten und Fähigkeiten.

Die regelmäßige Anwendung von Körperübungen dient auch der Verbesserung von Bewußtheit, Konzentration, psychischer Präsenz und physischer Gesundheit, also wichtigen Supervisionskompetenzen.

Die anbahnende Funktion erleichtert den intendierten Erlebens-, Lern- bzw. Veränderungsprozeß. In diesen Bereich gehören die sogenannten Aufwärmübungen, viele Körper-, Bewußtheits- und Konzentrationsübungen.

11. Ich-stärkende und Ich-stützende Funktionen

Die Arbeit mit kreativen Medien bringt häufig auch Erfolgs- und Bestätigungserlebnisse mit sich. Die Freude am gestalterischen Experimentieren, die den meisten Erwachsenen irgendwann in der Kindheit abhanden gekommen ist, wird zu neuem Leben erweckt.

Ich habe es nicht selten erlebt, daß Supervisanden und Klienten ihre, meist in der Pubertät steckengebliebenen, kreativen Tätigkeiten und Fähigkeiten wieder aufgegriffen haben. Sie übten wieder ihr Musikinstrument, belegten in der Volkshochschule einen Malkurs usw.

Der Ich-stützenden Funktion kommt in der Supervision natürlich lange nicht die Bedeutung zu, wie in der klinischen Therapie. Aber auch ein Supervisand kann in Krisen kommen, die Ich-stütende Maßnahmen ratsam erscheinen lassen. Bilder, Texte, Gedichte, Lieder der Kraft oder des Trostes, die Herausarbeitung eines "inneren Beistandes" (Petzold, H., Orth, J., 1985) kann dabei sehr bedeutsam sein.

Natürlich erfüllen die kreativen Medien auf sehr unterschiedliche Weise die aufgelisteten Funktionen. Die jedem Medium eigenen Wesensmerkmale schaffen ganz verschiedene Anwendungsbedingungen und -möglichkeiten. So sind z.b. die mit dem Medium Ton hergestellten Produkte **räumlich**, die mit dem Medium Farbe gestalteten Bilder hingegen **flächig**, also nur zweidimensional. Die große Vielfalt an Wirkungs- und damit Anwendungsmöglichkeiten möchte ich exemplarisch an einigen Medien aufzeigen.

Der Körper als Medium

Der Körper speichert unsere Geschichte, unsere Handlungs- und Erlebnismöglichkeiten. Was der Psyche passiert, geschieht auch dem Körper und umgekehrt! Die neuen Körpertherapien (Petzold 1983) haben bewiesen, daß es oft sinnvoller ist, den Heilungsweg der Seele am Körper beginnen zu lassen. Die "natürliche" Körperhaltung und Körperbewegungen geben bereits sehr viele diagnostische Hinweise. Die Bedeutung des Körperlesens (Kurtz, R., Prestera, H. 1979) wird immer häufiger gesehen.

Durch die Steigerung der Körper-Bewußtheit (z.B. Feldenkrais, M. 1978) kommt es zu Kontakt mit Verspannungen, bzw. anderen somatischen Disfunktionen und deren psychogenem Hintergrund. Entspannungsübungen fördern Ruhe und Konzentration, sie sind aber auch notwendige Vorbereitung auf viele Folgeübungen, z.B. Phantasiereisen. Aggressionsübungen helfen den Kontakt zu eigenen Wutimpulsen zu bekommen oder mit einem Zuviel an angestauter Wut fertig zu werden. Atemübungen befreien den verklemmten Atem, tragen viel zum freien Energiefluß und damit zur Verlebendigung bei. Lockerungsübungen sind oft in der Anfangssituation notwendig, um die durch den Alltagsdruck gebremsten körperlichen, seelischen und geistigen Funktionen zum 'freien Fließen' zu bringen.

Viele Bewegungsübungen sind Partner- bzw. Gruppenübungen, ermöglichen nichtsprachliche Kommunikations- und Interaktionsoerfahrungen. Bewegungs- und Körperkontaktübungen wirken stark auf die Gruppenatmosphäre, auf den Gruppenzusammenhalt usw. usw.

Imagination und Phantasie als Medium

Phantasie und Vorstellungskraft haben sowohl Elemente des Träumens als auch des wachbewußten Denkens. So können Bilder des Unbewußten in bewußtseinsnahem Zustand angeschaut und durchlebt werden. Mit Phantasiereisen kann man unbekannte Gefilde betreten, Szenen aus der Vergangenheit und mögliche Perspektiven der Zukunft erforschen, in ausweglos erscheinenden Situationen, quasi aus der Vogelperspektive, nach einem gangbaren Weg suchen, bedrohliche innere Bilder 'umträumen' usw. Hier ergibt sich eine bunte Vielfalt an Möglichkeiten für den kreativen Supervisor! Zwei methodische Ansätze sind zu unterscheiden:

- die geführte Imagination:
  Die Phantasie- und Vorstellungstätigkeit wird in eine bestimmte Richtung gelenkt, in ein bestimmtes Szenarium eingeführt, mit u.U. standardisierten Bildern konfrontiert.

- die freie Imagination:
  Zu Stimmungen, Gefühlen, aber auch vorgegebenen Vorstellungen werden innere Bilder bzw. Bildfolgen hervorgerufen.

Imaginationstechniken dienen oft als Einstig in andere Medien, z.B. dem Malen, Bewegungsimprovisation, Spielen.

- Puppen und Masken:
  Die Einbeziehung solcher, auf den ersten Blick doch recht aufwendiger Handlungsmedien ist durch die Vielfalt und Wirksamkeit der Anwendungsmöglichkeiten hinreichend gerechtfertigt.

Die Herstellung einfacher Masken (z.b. aus großen Papiertüten oder aus Pappe) ist schnell geschehen. Mit ihnen läßt sich schon eine Menge anfangen.

Die Maske verbirgt ja nicht nur, sie verdeutlicht, ja entlarvt mitunter. Ich kann mich hinter meiner Maske versteckt freier bewegen. Mit der Maske, insbesondere wenn ich sie ausschmücke, präsentiere ich mich. Maskenarbeit kann z.B. in der Teamsupervision mit Gewinn eingesetzt werden. Wichtige Hinweise zu der Arbeit mit Masken sind zu finden in :
Christoph Riemer ; Maskenbau und Maskenspiel, Kiel 1986

Puppen stehen hier für eine Vielzahl von figürlichen Darstellungsformen, also vom Szenokastenpüppchen, dem aus Pfeifenputzern angefertigten Strichmännchen, Sockenpüppchen, bis zu den komfortablen Handspielpuppen.

Ideal ist ein reich sortiertes Handpuppenarsenal. Es ist z. B. sehr spannend, mit welcher Puppe sich der Supervisand identifiziert, welche Puppe er seinen Klienten zuschreibt. Die Puppen können auch für verschiedene innere Zustände, gegensätzliche Gefühle, widerstreitende Ideen stehen. Das Puppenspiel selbst bietet dann eine ähnliche Variationsbreite wie das Psychodrama.

Farben als Medium

Malen ermöglicht die Veranschaulichung innerer Bilder, Zustände, Gefühle, Szenarien usw. Die Veräußerlichung schafft eine gewisse Distanz zu den dargestellten Aspekten des Selbst. Das Gestaltete wirkt zurück auf den Betrachter, läßt ihn vieles entdecken, was ihm im direkten Selbst-Dialog verborgen geblieben wäre.

Je nachdem, welches Material ich verwende, spreche ich ganz unterschiedliche Aspekte des Seelischen an: Mit Farbstiften fördere ich das Konturieren, die Abgrenzung, mit Fingerfarben gehe ich nicht nur ins Flächige, sondern evoziere kräftige Gefühlsreaktionen. Mit Aquarellfarben lassen sich eher zarte und nuancenreiche Impressionen erwecken usw.

Ton und Modelliermasse als Medium

Ton hat gegenüber dem Malen den Vorteil der 3. Dimension. Mit Ton oder Modelliermasse kann etwas verkörpert werden. Sie hat Vor- und Rückseite, Seitenansichten usw. Ton ist "handlich", stimuliert stark zum Gestalten. Bei der Tonarbeit können aus dem Gefühl, der inneren Gestimmtheit, Gedanken oder Phantasien über die Hände in den Ton hineingeleitet werden. Mit dieser Art der Arbeit kommt man leicht an tiefe Gefühlsschichten heran, die ein eher therapienahes Aufarbeiten nahelegen.

Aber bereits die elementaren Materialeigenschaften des Tons bewirken wichtige Erfahrungen. Der unmittelbare Umgang mit Ton löst häufig aggressive aber auch zärtliche Gefühlsimpulse aus. Am harten Ton kann man seinen Umgang mit Widerstand erfahren, an zu weichem seine Nöte, etwas zu festigen bzw. Gestalt zu geben usw.

Sprachformen als Medium

Metaphern

Der Gebrauch von Metaphern scheint fast schon so alt wie die Sprachgeschichte der Menschheit, also dem Gebrauch von Gleichnissen, Parabeln, Märchen, Witzen etc.

Die Metapher ist eine andersartige Darstellung eines bekannten Sachverhalts, sie wirft neues Licht auf eine alte Angelegenheit. Der Gebrauch von Metaphern fördert Einsichtsprozesse und ermöglicht, über eine eigene Erfahrung zu sprechen. (Gordon, D. 1985).

Texte und Poesie

Schreiben bietet eine Vielzahl von Möglichkeiten. Mit dem Aufschreiben eines Erlebnisses kommt oft erst die Distanz, die notwendig ist, dies zu verarbeiten. Das Tagebuch kann zum existentiellen Dialogpartner in Freud- bzw. ratlosen Zeiten werden. Poesie ist eine ausgesprochen komplexe Ausdrucksform. Sie vereinigt in sich Bildhaftes (Sprachbilder), Bewegungselemente (Rhythmen), Musikalisches (Sprachmelodie) mit sprachlichen Inhalten zu einer Ausdrucksverdichtung, eben dem Gedicht. Im Gedicht finden Erlebnisse oft ihre prägnanteste Ausdrucksgestalt. Neben der einsichtsfördernden Wirkung halte ich ihre Verwendung auch bei der Verarbeitung tiefer gefühlhafter Zustände, wie z.B. Trauer für sinnvoll.

Rezeption von Texten

Die stützende, stimulierende, tröstende, kraftspendende und heilende Wirkung von Texten auf den Leser ist ja schon lange bekannt (Orth, I., Petzold, H. 1985).

Lektüreempfehlungen von Gedichten, bestimmten Romanen etc. kann eine durchaus brauchbare und flankierende Maßnahme für Supervisionsprozesse sein.

Wenn Sie allein diese kleine Auswahl an Interventionsmöglichkeiten mit kreativen Medien bedenken, können Sie sich sicherlich vorstellen, um wie vieles bunter und kreativer eine "Supervisionssitzung" sich noch gestalten läßt.

Wie lassen sich die kreativen Produkte aufarbeiten ?

Für die Aufarbeitung der kreativen Prozesse und Ausdrucksgestalten gibt es mehrere methodische Ansätze, meist Modifika-
tionen kunsttherapeutischer Verfahren. Die Methodenvielfalt läßt
sich dabei auf drei Extreme reduzieren:

Der anthroposophische Ansatz in der Kunsttherapie:

Der Umgang mit den künstlerischen Medien wirkt an sich hei-
lend. Der Gestaltungsprozeß bedarf deshalb keiner zusätzlichen
Aufarbeitungstechniken. Dem liegt die Annahme zugrunde, daß
jedes Medium, jede Farbe, jede Technik eine genau umschrie-
bene Bedeutung und damit Wirkung hat.

Die tiefenpsychologischen Schulen

In den Ausdrucks- und Gestaltungsprozessen manifestiert sich
ein Symbolgehalt, der entweder durch die Deutung des Therapeuten oder durch die gemeinsame Arbeit von Therapeut und
Klient entschlüsselt wird. Der Therapeut bleibt auch im zweiten Fall der Fachmann, der ein theoriegeleitetes Entschlüsse-
lungs- und Ausdeutungsmodell im Hinterkopf hat. Während in
der Psychoanalyse individuelle Bedeutung des Ausgedrückten
Vorrang hat, legt die Analytische Psychologie (J. Jacobi 1981)
auch Wert auf die Untersuchung archetypischer Motive, d.h.
kollektive, allgemein menschliche Motive.

Die Gestalttherapie

Die Gestalttherapie verfügt über keinen Bedeutungskanon für
das symbolisch Ausgedrückte. Ihre Stärke liegt eher in einer
expressionsfördernden Haltung sowie der Bereitstellung von
Techniken, die es dem Klienten ermöglichen, mit seinem Aus-
druckserleben und seinen Ausdrucksgestalten Kontakt aufzunehmen, ihren Bedeutungsgehalt zu durchleben und zu integrieren.

53

Die Integrative Therapie (Integrative Therapie ist eine europäische Fortentwicklung der Gestalttherapie, besonders durch das Fritz-Perls-Instituts) schließlich, deren Ansatz ich nahestehe, hat die starke Trennung der Gestalttherapie zur tiefenpsychologischen Sichtweise wieder zum Teil aufgehoben. Die tiefenpsychologischen Elemente unterstützen hierbei allerdings vorwiegend den Verstehensprozeß und die Hypothesenbildung des Supervisors. Die für die Gestalttherapie eigentümliche phänomenologische Arbeitsweise dient dazu, zu den dahinterliegenden psychischen bzw. leibhaftigen Strukturen vorzustoßen (Petzold 1986).

Ich möchte mich im folgenden auf die Darstellung einiger <u>Aufarbeitungstechniken</u> beschränken, wie sie in der **Integrativen Gestaltsupervision** verwendet werden (vgl. hierzu Rahn, D. 1986, Oaklander 1981, Petzold 1986, Stevens, J.O. 1975).

1. <u>Intervention, die eine vertiefte Wahrnehmung für die Wirkungen des Ausdrucksprozesses und der Ausdrucksgestalt bewirken.</u> Ausgangspunkt hierfür bilden oft Fragen wie: "Was hast du beim Malen erlebt?" "Wenn du dein Bild anschaust, wie geht es dir jetzt damit? Kannst du das in einen Satz fassen?"

2. <u>Identifikationstechniken</u>

Diesen Techniken liegt die Annahme zugrunde, daß in jedem Ausdrucksprozeß Anteile der eigenen Persönlichkeit projiziert werden. Durch die Identifikation mit dem Ausgedrückten können die persönlichen Anteile erkannt, emotional erfahrbar und einsichtig gemacht werden.

Eine hierfür typische Intervention besteht z.B. in der Bitte, das Bild, die Tonfigur etc. so zu beschreiben, als wäre der Gestalter selbst dieser Gegenstand, also: "Ich bin dies Bild. In meiner Mitte steht ein mächtiger Baum..."

Solche Identifikationen können auch mit allen möglichen Teilaspekten des Produktes aufgenommen werden - "Ich bin jetzt der Baum in meinem Bild..."

3. Dialogtechnik

Hierbei tritt der Gestalter mit seiner Ausdrucksgestalt oder mit Teilaspekten davon in ein Zweiergespräch. Ein solches Zwiegespräch kann auch zwischen verschiedenen Elementen stattfinden (wobei sich der Gestalter abwechselnd mit diesen Teilen identifiziert). Solche Elemente können z.b. unterschiedliche Bildteile, Farben, Figuren sein. Häufig werden Polaritäten deutlich. Diese lassen sich dann wie ein 'inneres Psychodrama' aufnehmen.

4. Assoziationstechnik

Hier geht es um die Produktion von Einfällen zu einer Ausdrucksgestalt: "Was verbindest du mit der gelben Farbe auf deinem Bild? Was fällt dir zu deinem Bildteil ein?"

5. Weitere Techniken

- Figuren, Bilder, Szenen, Texte etc. können z.b. ergänzt, fortgesetzt, Teilausschnitte vergrößert, verstärkt, vollendet, repariert werden.

- Die Aufarbeitung eines Gestaltungsprozesses kann in einem weiteren Medium erfolgen. So kann eine intensive Imagination getanzt, gemalt, gesungen werden.

- Es empfiehlt sich, auch von Zeit zu Zeit die gesammelten Werke eines Beratungsprozesses einer gemeinsamen Gesamtschau zu unterziehen (z.b. das Anfangsbild, die Tonfigur, das Arbeitsmärchen usw.) Durch Identifikations- und Dialogtechniken können Zusammenhänge entdeckt, immer wiederkehrende Themen oder Muster erkannt, Veränderungen wahrgenommen werden.

Dies war nur eine kleine Auswahl an Aufarbeitungstechniken. Diese Art der Beratungsarbeit läßt viel Spielraum für die Erfindung neuer Techniken, Reflexionsansätze und Medienmöglichkeiten.

Kreative Medien und Beratungsprozeß

Der Supervisionsvorgang kann auch als ein kreativer Problemlösungsprozeß aufgefaßt und beschrieben werden. Die Kreativitätsforschung hat dafür eine Vielzahl meist vierphasiger Prozeßmodelle entwickelt. Beispiel: (1) Vorbereitungsphase, (2) Inkubationsphase, (3) Einsichtsphase, (4) Verifikationsphase (E. Landau 1984).

Solche Modelle sind natürlich idealtypisch. Gewöhnlich laufen Beratungs- und Problemlösungsprozesse nicht so geordnet ab, wie dies im jeweiligen Modell vorgesehen ist. Gleichwohl sind sie eine gute Orientierungshilfe für unsere Fragestellung: welche mediale Technik ist an welcher Stelle des Beratungsprozesses hilfreich und nützlich?

Ich lege den folgenden Ausführungen das Tetradische Modell der Integrativen Therapie (Petzold, H. 1986, Schreyögg, A. 1986) zugrunde.

1. Initialphase (Vorbereitungsphase)

In der Initial- bzw. Vorbereitungsphase sind eine Vielzahl von Aufgaben zu lösen: Herstellung von Kontakt zu sich selbst, zu den Mitsupervisanden, dem Supervisor, dem Thema/Themen, den Methoden und dem ganzen 'Drumherum'. Dazu bedarf es Übungen, welche die Bewußtheit, die Hier-und-Jetzt-Haltung, die Präsenz, die Gruppenatmosphäre und das Vertrauen stärken.

Hierzu sind insbesondere Körper- und Interaktionsübungen geeignet.

In einem 2. Schritt geht es darum, Themen deutlich werden zu lassen (Figur-Grund), ihre Bedeutung einzuschätzen und eine Entscheidung zu treffen über das zu bearbeitende Thema und die hierfür erforderliche Methode. In der Regel wird sich dieser Schritt, Themenentscheidung, Problemanalyse und Methodenwahl in Form eines rationalen Diskurses zwischen Supervisanden und Supervisor vollziehen. Mitunter ist es jedoch vorteilhaft, diesen Vorgang durch Medien zu unterstützen.

Beispiele: Supervisand ist mit seiner Arbeitssituation unzufrieden, weiß den Punkt aber nicht zu benennen; Übung: Phantasiereise durch sein befindliches Tun der letzten Tage. In der Gruppe herrscht Unklarheit über den Zusammenhang von Einzel- und Gruppenthemen: Malen eines Gruppenbildes, wobei jeder Supervisand zunächst einmal seine eigene Befindlichkeit malt und in einem zweiten Schritt versucht wird, Übergänge zu malen.

2. Inkubationsphase (Aktionsphase)

In der Aktionsphase wird das anstehende Problem präzisiert, wiederbelebt, oftmals auch neu durchlebt und durchlitten. Es ist das Stadium größter emotionaler Involviertheit, intrapsychischer oder intergruppaler Auseinandersetzungen. Es ist deshalb naheliegend, daß die methodischen Maßnahmen in diesem Stadium oft therapieähnlichen Charakter annehmen. Hier sind unter anderem Übungen angebracht, die kritische Konfliktkonstellationen wieder wachrufen, und zwar samt der dazugehörigen Gefühle und atmosphärischen Anmutungen: Dialogtechnik, Polaritätenarbeit, Imaginationstechniken, Psychodrama, Puppen- und Maskenspiel. Aber auch Körperübungen, z. B. durch Aggressionsübungen mit der inneren Wut Kontakt zu bekommen.

3. Integrationsphase (Einsichtsphase)

In diesem Stadium der Supervision geht es darum, daß die Supervisanden ihr intensives Erleben in den individuellen, gruppalen, institutionellen und lebensgeschichtlichen Zusammenhang einordnen und einarbeiten. In diese Phase gehören z.b. Feedbackübungen und Sharing (Mitteilungen über das innere Erleben). Dies braucht nun nicht unbedingt sprachlich geschehen. Die Rückmeldungen können durch Bilder, Bewegungen, Töne etc. erfolgen. Die Arbeit mit Videoaufnahmen hat sich vielfach bewährt. Frühere mediale Produkte können zum Vergleich herangegezogen werden, um daran Zusammenhänge, Entwicklungsschritte, zusätzliche Bedeutungen aufzuspüren.

Eine gute Möglichkeit besteht auch in der medialen Zusammenfassung und damit der Gestaltung und Verdichtung des im Supervisionsprozeß Erlebten, z.B. durch das Schreiben eines "Auswertungsmärchens".

4. Verifikationsphase (Neuorientierung)

Gerade für die Supervisionsarbeit gilt: Was nützt die schönste Einsicht, wenn sie nicht umsetzbar ist. In dieser Phase geht es darum, die Umsetzung der Einsichten, Problemlösungen und neuer Konzepte vorzubereiten und die Transfererfahrungen durchzuarbeiten. Die Transferierbarkeit von neuen Einsichten setzt oft auch neue Handlungskompetenzen voraus. Die müssen neu gelernt werden. Eine Möglichkeit zum systematischen Aufbau neuer Handlungsmuster ist das Behaviour-Drama (Petzold, H. 1974). Andere Maßnahmen während dieser Phase, die durch Medien unterstützt werden können, sind z.B. Strategieentwicklungen, Planungstechniken, übersichtliche Visualisierungen von Systemen, Planspiele usw.

Häufig hängt die Transferierbarkeit von Einsichten auch von der Mitveränderbarkeit der größeren, sozialen bzw. institutionellen Systemen ab. Da gilt es dann, eine gewisse Öffentlichkeit zu informieren, interessieren und aufzuklären (Animation). Es müssen Bundesgenossen gefunden werden für gemeinschaftliche Aktionen, Solidargemeinschaften gegründet werden usw.. Der Einsatz kreativer Medien gewinnt in diesem Zusammenhang allerdings eine andere Qualität. An die Stelle der individuellen Ausdrucksgestalt muß eine allgemein verstehbare, anschauliche, evtl. auch attraktive (d.h. ästhetisch anspruchsvolle) Gestaltung treten.

Beispiele: Plakate, Lieder, Straßentheater, Forumtheater (Richter, K 1985) usw.

Der kreative Supervisor

An anderer Stelle wurde der Supervisor als "Personales Medium" aufgeführt (siehe hierzu die Ausführungen von Zinker 1982 zum kreativen Therapeuten).

Ein Supervisor, der kreative Medien einsetzt

- sollte selbst Spaß am kreativen Gestalten haben. Er braucht kein Minikünstler zu sein. Dies brächte ihn u.U. nur in Versuchung, auch in der Arbeit mit Supervisanden ästhetischen Gesichtspunkten zu großes Gewicht beizumessen

- braucht solide Kenntnisse, hier Grundkenntnisse, über Gestaltungstechniken und Materialwirkung für den therapeutischen bzw. beraterischen Umgang mit Medien. Weniger wichtig sind künstlerische Gestaltungskenntnisse und ästhetisches Geschick

- braucht Einfallsreichtum und Experimentierfreude. Der Supervisor sollte sich nicht auf standartisierte Übungen verlassen, sondern fähig sein, die kreativen Medien personen- und prozeßadäquat in die Beratung einzubeziehen

- weist in seiner Aneignung und Auseinandersetzung mit Welt- und Lebenserfahrung sehr viele spielerische Momente auf, die bei aller möglichen Heftigkeit und Tiefe des Gefühlserlebens eine Art Leichtigkeit ausstrahlt.

Grenzen der Medienarbeit

1. Der Supervisionsprozeß lebt ganz wesentlich von der Beziehung der Beteiligten. Medien können Beziehungen nicht ersetzen. Sie können Beziehungen aber anbahnen, intensivieren, verdeutlichen, konkretisieren, klären etc.

2. Die Arbeit mit kreativen Medien hat häufig einen großen non- bzw. präverbalen Anteil. Sprache ist aber notwendig für Anayse, Reflexion, Interpretation, Integration der Gestaltungsprozesse und -produkte.

   Medienarbeit mündet also immer in einen sprachlichen Teil.

3. Die psychologische Tiefenwirkung von Medien wird oft falsch eingeschätzt. Es sind auf jeden Fall eigene Erfahrungen notwendig, um mit ihrer Hilfe eine angemessene Tiefe zu erreichen.

4. Medien können bei Betroffenen leicht Überforderungsreaktionen hervorrufen, z.B. wenn ein Widerstand vorzeitig durchbrochen wird, so daß starke emotionale Prozesse die Person unvorbereitet treffen.

5. Medien können in den Dienst von Vermeidungsstrategien, Widerständen, Übertragungs- und Gegenübertragungsgeschehen geraten.

6. In den Gestaltungsprozessen können Gefühle abreagiert werden und damit kurzfristig die Energie von einem Problem, Konflikt abgezogen werden,dessen Bearbeitung ansteht.

7. Der Gestaltungsprozeß kann eine Eigendynamik gewinnen, die von der intendierten Wirkung wegführt, z.b. wenn auf die Entwicklung der formalen Qualität sehr viel mehr Gewicht gelegt wird als auf die spontane Manifestation. Dann geht der beraterische Umgang mit Medien in einen kunstpädagogischen oder künstlerischen über.

8. Der zeitliche Aufwand ist zumindest für den Anfänger nicht immer gut einzuschätzen. Das Setting muß den Bedingungen der Medienarbeit angepaßt werden, z.b. Supervisionsblöcke statt mehreren Einzelsitzungen.

9. Die Vielzahl an Symbolen, Hinweisen, Bezügen, die in dem Gestaltungsprozeß autauchen, können zumindest den Anfänger zur Entdeckungseuphorie und Deutungssucht verführen.

Zwar ist diese Gefahr nie ganz von der Hand zu weisen, aber das verschlüsselte Material ist für den Supervisor eine ebenso große Projektionsfläche wie für seinen Supervisanden, der dies produziert hat!!!

10. Häufig ist der Vorwurf zu hören, daß die Beschäftigung mit kreativen Medien den Rückzug aus der gesellschaftlichen Perspektive und Verantwortung in die Privatsphäre befördere. Hiermit scheint es sich ähnlich zu verhalten wie in der Kunst. Es gibt neben der schönen, dekorativen, selbstbezogenen, modernistischen, auch die kritische und rebellische Kunst. Im kreativen Prozeß werden ja zunächst alte Formen, Muster, Gewohnheiten aufgebrochen. Wer am Alten festhält, wird neuen Zusammenhängen gegenüber blind bleiben. Durchzuhalten ist auch eine Phase der Verunsicherung.

Das Alte gilt nicht mehr, das Neue ist aber noch nicht in Sicht. Dieses Risiko wollen viele Menschen nicht eingehen. Lieber das Altvertraute, Schlechte, als die Ungewißheit über das Neue. Die Einübung in eine kreative Haltung beeinhaltet demnach sowohl eine kritische Haltung gegenüber dem Tradierten, als auch den Mut, sich auf neue Wege mit ungewissen Zielen zu begeben.

Und letztens fördert der Umgang mit kreativen, gestalterischen Prozessen die antizipatorische und utopische Phantasie, die Ahnung von gelingenden, neuen Lebens- und Arbeitszusammenhängen.

Literatur :

Feldenkrais, Moshe
Bewußtheit durch Bewegung. Der aufrechte Gang,
Suhrkamp, Frankfurt/M.1978

Gordon, D.
Therapeutische Metaphern,
Junfermann, Paderborn 1985

Jacobi, Jolande
Vom Bildreich der Seele,
Walter, Olten 1981

Kirchgäßner, H.
Medien in der Therapie, in:
M. Fuchs (Hrsg.): Kunst in der Therapie und Prophylaxe,
Remscheid 1986

Landau, Erika
Kreatives Erleben,
Ernst Reinhard, München-Basel 1984

Petzold, H.(Hrsg.)
Die neuen Körpertherapien,
Junfermann, Paderborn 1974

Petzold, H.
Die Medien in der integrativen Pädagogik, in:
Petzold, H., Brown, G., Gestaltpädagogik
Pfeiffer, München 1977

Petzold, H., Lemke, J.
Gestaltsupervision als Kompetenzgruppe,
Gestaltbulletin 1, 1978

Petzold, H., Orth, I.
Poesie und Therapie,
Junfermann, Paderborn 1985

Petzold, H.
Kunsttherapie und Arbeit mit kreativen Medien, in:
Psychotherapie und soziale Kulturarbeit,
Remscheid 1987

Petzold, H.
Tetralisches Psychodrama in der Gruppentherapie
mit Alkoholikern, in :
Petzold, H. (Hrsg.)
Drogentherapie,
Junfermann, Paderborn 1974

Petzold, H. , Frühmann, R. (Hrsg.)
Modelle in der Gruppe Bd. 1,
Junfermann, Paderborn 1986

Oaklander, V.
Gestalttherapie mit Kindern und Jugendlichen,
Klett - Cotta, Stuttgart 1981

Rahm, D.
Gestaltberatung,
Junfermann, Paderborn 1986 (4. Auflage)

Richter, K. F.
Gestalttherapie als Forumtheater,
Remscheid 1985

Riemer, Ch.
Maskenbau und Maskenspiel,
Kiel 1986

Schreyögg, A.
Integrative Gestaltsupervision, in:
Gruppendynamik 3, 1986

Signer-Brandau, D.
Imagination in der Gestalttherapie, in:
Singer, J.L. Pope, K.S. (Hrsg.)
Imaginative Verfahren in der Psychotherapie,
Junfermann, Paderborn 1986

Stevens, J. O.
Die Kunst der Wahrnehmung,
Chr. Kaiser, München 1975

Zinker, J.
Gestalttherapie als kreativer Prozeß,
Junfermann, Paderborn 1982

Orientierungen zur Integration
im Supervisionsprozeß

Dieser Beitrag ist "mehr theoretisch" und vor allem **konzeptbezogen.**

Will man das eigene Supervisions - und Beratungskonzept nicht nur einfach anreichern mit Kreativität, dann ist die präzise Betrachtung des eigenen Konzeptes die erste wesentliche Voraussetzung. Ein weiterer Schritt für den Supervisor besteht im Kennenlernen "am eigenen Leibe" und im bewußten Experimentieren in der jeweiligen Beratungsphase. Um eine Zuordnung einzelner Medien und Materialien im Phasenablauf , zu den Lernbereichen und Reflexionsschwerpunkten , zu erreichen , ist die Sichtung des eigenen Handlungsansatzes unumgänglich.

Der Einsatz erlebnisaktivierender Verfahren ist **nicht beliebig** . Jedes **Medium** hat eine **eigene Ladung**, die sich **selbstdynamisch** auf die Arbeitsbeziehung und den Beratungsprozeß auswirken kann , wenn sie vorher nicht konzeptbezogen probiert wurde.

Zielrichtung und eingeschätzte Wirkung, das sind die Kriterien für den Einsatz von Medien im Supervisions - und Beratungsprozeß. Die dazu erforderliche **Kompetenz** ist entscheidender als jeder theorie - zwanghafte Versuch der Abgrenzung zwischen Therapie und Supervision.

Einführungsaspekte

Heutige und bisher praktizierte Supervisionsansätze sind in ihrer Grundstruktur und in ihren Anwendungen hauptsächlich verbal-strategisch ausgerichtet. Es ist aber nicht zu übersehen, daß in den Supervisionsausbildungen erlebnisorientierte, einsichts- und bewußtseinsfördernde Verfahren (z.B. Psychodrama, Gestaltansätze etc.) zunehmend ihren Raum finden und eingesetzt werden.

Für die in Ausbildung befindlichen Supervisoren haben diese Verfahren einen wichtigen Stellenwert für die eigene Kompetenzentwicklung. Schwieriger wird es, wenn erlebnisfördernde Methoden, die aus einer eigenständigen komplexen Theorie stammen, sich als Modell für die Supervisionsarbeit in der Praxis anbieten.

An dieser Stelle ist zu fragen, ob in der Supervisorenausbildung verwendete Methoden in ihrer Theoriebindung deutlich werden und in den Teilen, die in ein Supervisionskonzept für die Praxis einfließen können, hinreichend trainiert und reflektiert werden.

Kreative Medien und Materialien, die erlebnisaktivierend und ausdrucksfördernd sind, befinden sich nicht im 'engen Korsett' einer abgedichteten Theorie, sondern präsentieren in ihrer Kommunikationsqualität ganz organisch die andere 'analoge' Seite der verbal-digitalen Kommunikations-Modalität.

Es ist für Supervision, die sich metakommunikativ mit Beziehungen in der Arbeitsfeldpraxis befaßt, folgerichtig, den analogen Kommunikationsteil mit adäquaten kreativen, erlebnisaktivierenden und ausdrucksfördernden Verfahren in die Reflexion zu bringen.

Es ist also zu fragen:

1. Welche kreativen Mittel gehören eigentlich und folgerichtig in die umfassende Reflexionsarbeit der Supervision?

und

2. Welche erlebnisorientierten Mittel aus anderen Beratungs- und Therapieansätzen können integriert werden?

Die meisten Beratungs- und Therapieansätze verwenden - auf der Grundlage ihrer Grundtheorie und Anwendungspraxis - Methoden aus anderen Ansätzen - nur: Es wurde lange Zeit nicht zugegeben.

Ebenso muß festgestellt werden, daß die Übergänge zwischen Beratungs- und Therapieansätzen nicht eindeutig abgrenzbar sind. Es ist auch nur allzu natürlich, daß es Übergangsbereiche und Grauzonen - oder wie man es auch nennen mag - gibt. Allerdings muß auch festgestellt werden, daß Therapie-Theorien vorliegen und Beratungs-Theorien erst in der jüngsten Vergangenheit vorsichtig *Flagge zeigen'*, dies gilt auch für die Supervision!

Erfreulich ist auch, daß Vertreter bestimmter Richtungen sich aufmachen, nicht um dem " Nachbarn " zu zeigen, wie einmalig sie sind, sondern um sich mit dem " Nachbarn " auszutauschen und sogar um von- und miteinander das jeweils Therapie- und Beratungsspezifische anzuerkennen und zu lernen:

Ein Beispiel:

"Systemtherapie ist für mich nicht die ganz andere Therapie. Darum werde ich Schnittmengen von System- und Gestalttherapie, aber auch das Spezifische des Gestaltansatzes herausarbeiten. Hier liegt mein Interesse.

70

Gestalt- und Systemtherapie verstehen sich als ganzheitliche Ansätze. In der Gestalttherapie meint dies die Ganzheit von Denken, Fühlen und Körper, eingebettet in ein komplexes Beziehungssystem.
Die Systemtherapie weiß, daß Probleme nicht isoliert zu lösen sind. Wer in einem System etwas verändert, beeinflußt das ganze System."
(Rolf Bick, 'Gestalt und System' - Sozial extra - Jan. 1987)

Wichtig ist die **Redlichkeit** vor sich selbst und den Adressaten und die Kenntnis der anderen Theorie und ihres bestimmten Anwendungs-Settings, wenn Ansätze aus anderen Beratungs- und Therapie-Begründungszusammenhängen in das eigene Supervisions- Konzept und Anwendungs-Setting übernommen und integriert werden sollen.

Es ist auf keinen Fall abwertend gemeint, wenn festgestellt wird, daß die bekannten Supervisions-Konzepte (in Ausbildung und Praxis) in ihrer Grundkonstellation eine Zusammenstellung und Verbindung von und zwischen

o Sozialarbeitsfeldspezifischen Herausforderungen, Notwendigkeiten und Bedingungen

o psychoanalytischen Orientierungen

o klientzentrierten Beratungsvariablen

o beziehungs- und gruppendynamischen Richtungen

ausweisen.

Daraus läßt sich ableiten, daß die Grund-Anwendungs-Methoden (Interventionskonzept) der Supervision überwiegend verbal-digitaler Natur und Strategie sind.

Verbal-strategische Interventions- und Reflexionsprozesse werden auch in Zukunft nicht überflüssig oder überfällig sein. *Aber :* Was läßt sich aus einem solchen Fundus weiterentwickeln? - Weiterentwickeln, nicht um *irgendwas* Neues zu " *haben* " **sondern** um **dichter am Erleben** des Supervisanden zu sein!

In der Supervision finden kreative Verfahren vielleicht deshalb so schwer ihren Einzug, weil

a) die Materialgewinnung für die Reflexion und die Aufbereitung in der Supervision durch die Geschichte als eine Bericht-Erstattung, Bericht-Besprechung und verbal-strategische Bearbeitung geprägt ist;

b) die ausdrucksfördernden und erlebnisorientierten 'Materialgewinnungsverfahren' (fälschlicherweise) ausschließlich dem musisch-kulturellen Bereich und den spezifischen Therapieansätzen zugeordnet und überlassen wurden;

c) ein professioneller Umgang mit kreativen Verfahren in der Aus- und Fortbildung von Supervisoren wenig experimentiert, trainiert und theoretisiert wurde;

d) in der Praxis die Verwendung kreativer Verfahren oftmals dann stattfindet, wenn sie den Neigungen des Supervisors zuzuschreiben ist und weniger einem planvollen und zielgerichteten Vorgehen.

2. Kontext: Supervision

Um auf das spezifische Anliegen dieses Beitrages

- inwieweit kreative Medien als ausdrucksfördernde und erlebnisaktivierende Mittel in der Supervision Eingang finden
sollten, könnten und müßten -

supervisions-fachkompetent einzugehen, ist es folgerichtig, sich
auf den Ausgangs- und Bezugspunkt in der Supervision (Gegenstand) und die vorhandenen Reflexionsvoraussetzungen zu beziehen.

Die Klarheit über den eigenen Handlungsansatz ist eine notwendige Voraussetzung für den zielgerichteten und situationsangemessenen Einsatz von kreativierenden Materialien und Medien.

Supervision bezieht sich auf die Wirklichkeit und die Gestaltung
beruflicher Beziehungen im Praxis-Feld. Dabei geht es vorrangig
um die Reflexion von Praxis-Beziehungs-Situationen und institutionellen Praxis-Feld-Konstellationen, zur Förderung und Gewin-
nung von

o Bewußtheit und Einsicht

und

o Entscheidungsfähigkeit und Verantwortungsübernahme

(Der hier skizzierte Supervisionsansatz bezieht sich in wesentli-
chen Teilen auf die Supervisions-Konzeption nach John/Fallner,
1980, die schwerpunktmäßig Einzel-, Gruppen- und Teamsupervision beinhaltet.)

Die Supervision richtet sich auf Situationen, die vom einzelnen Supervisanden (oder 'von den Beteiligten')

o mit Spannungen, Konflikten, Problemen und Zielunsicherheiten verbunden werden

o zur Erweiterung, Kontrolle und Integration beruflicher Fertigkeiten und Kenntnisse genutzt werden sollen

und zusätzlich oftmals:

o im Zusammenhang beruflicher Aus-, Fort- und Weiterbildung als Lernsituationen definiert werden.

Es wird davon ausgegangen, daß berufliches Beziehungs-Handeln und Beziehungs-Erleben in der Wechselwirksamkeit zwischen Menschen im Praxisfeld und den strukturellen Bedingungen des Institutions-Alltags (definiert als **'berufliche Interaktion'**) der Ausgangs- und Bezugspunkt für die Supervisionsarbeit ist.

Der systemische Zusammenhang, die beziehungsdynamische und strukturelle Szene im Arbeits- und Institutionsfeld des Supervisanden, ist komplex und wird durch " **Einflüsse** " ständig bewegt:

1. INSTITUTIONS-VARIABLE

Einfluß und Abhängigkeitsgestaltung durch den strukturellen Rahmen; Zielvorgaben, Gesetzmäßigkeiten und Kontrollen, gesellschaftlicher Auftrag der Institution, Träger-Klima

2. ADRESSATEN-VARIABLE

Subjetivität der Adressaten, Erwartungen, Bedürftigkeiten und Ansprüche, Gesellschafts - Klima

3. MITARBEITER-VARIABLE (Supervisand, Kollegen, Team)

Subjektivität der einzelnen Mitarbeiter; 'Kollegenhierarchie', Kompetenzen, Defizite, Motivationen , Perspektiven , Kollektiv - Soziales Klima

4. SYSTEM-VARIABLE

Rückkopplungsprozesse in den beziehungsmäßigen, inhaltlichen und strukturellen Verbindungen; Aktionen - Reaktionen - Aktionen - Reaktionen , Geschwindigkeiten und Unterbrechungen

5. INDIVIDUATIONS - VARIABLE

Biografie , Selbstwert , Selbstbild , Eigenarten, perönlicher Stil, Kontaktmuster , Abwehrstrategien

Die Variablen finden ihren Ausdruck im **" Gesamt - Klima "** . Sie **skulpturieren** das **Erleben** und **Handeln** der Beteiligten und **strukturieren** die **Kommunikationsmuster** im System.

Das **Zulassen des subjektiven Erlebens** in dieser komplexen Dynamik ist die **Voraussetzung für das Verstehen der Szene** (das "Guckloch" für den Supervisionsprozeß) und dieses ist die Ausgangsbasis für die Differenzierungsarbeit.

Der Supervisand befindet sich über seine berufliche Beziehung mit den einzelnen Beziehungs-Partnern (Klienten/ Adressaten/ Kollegen/ Mitarbeitern/ Vorgesetzten und Institution) und mit dem komplexen Beziehungs-System in einem wechselseitigen Austausch- und Beeinflussungsprozeß.

Wie sich der Supervisand in der Beziehungs-Szene eingibt, wie er aktiv und reaktiv ist, wie er Kontakt und Rückzug gestaltet, wie er sich durchsetzt und entscheidet, wie er abwehrt und vermeidet, wie der kommunikative-beziehungsmäßige Austausch und die Zusammenarbeit (und in der letzten Konsequenz: die Qualität der Arbeit) sind, ist abhängig davon

    o wie er aktuelle und konstante **Beziehungssituationen** im Praxisfeld wahrnimmt und subjektiv bewertet; ob sie ihn verunsichern oder stabilisieren

    o welche **Ziele** er in diesem Praxisfeld, in diesem institutionellen Rahmen, in diesem Beziehungs- und Arbeitsgefüge (und auch darüber hinaus) hat bzw. erreichen will

    o welches **Wissen** (beziehungsweise welche **Deutung** darüber) hat er , was man durch ihn in diesem Praxisfeld erreichen (oder nicht erreichen) will bzw. wozu er gebraucht (oder nicht ge- braucht) wird auf der Aufgaben - und Ziel - Ebene

    o welche **Persönlichkeitspotentiale** in der persönlichen Lebensgeschichte auf der körperlichen, emotionalen und kognitiven Ebene und im sozialen Bereich entwickelt werden konnten

Der Supervisand hat eine Vergangenheit, eine Gegenwart und eine Zukunft. Durch seinen Lebensweg und durch seine Perspektive sind seine Wahrnehmung und sein Bewußtsein strukturiert.

76

Der Supervisand befindet sich nicht nur im beruflichen Beziehungs- und Handlungsfeld, sondern er kommt aus einem umfassenden **Lebenskontext**, und zwar:

> ..**aus** einer **engeren sozialen Situation** (Familie, Freunde) und aus einer weitergeführten **sozialen, gesellschaftlichen und sozio - kulturellen Komplexität** (Beruf, Status, Rolle, soziale Verpflichtungen), **Lebensraum** (Wohnung, Gemeinwesen, Wohnort, kommunalpolitische Region, Landschaft), ökonomische Situation, sozial-gesellschaftlicher, politischer und kultureller Kontakt, Einbindungen und Engagement." (frei nach Rönner 1983, in D. Rahm, S. 110)

Der Lebenskontext des Supervisanden hat in der beruflichen Einbindung einen erheblichen Einfluß auf die Präsenz und Dynamik von Konflikt- und Vermeidungspotential und auf die **Art und Weise der Problembearbeitung**.

Präsenz der Person / **Mittelbarkeit** der Praxis

Die Beziehungs-Szene im Praxisfeld und die darin wirksamen Faktoren werden innerhalb der Supervision durch die Person des Supervisanden vermittelt, gefiltert und gefärbt - oder auch entfärbt - vorgestellt.

Eine gewisse Ausnahme, aber auch nur bedingt, bilden Team- und Live-Supervisionen im Kontext des Praxisfeldes. Die derzeitige Regelsituation ist die vermittelte Praxissituation.

Dieser 'struktureller Tatbestand' ist nicht ein Dilemma (wie man als Supervisor auch meinen könnte), sondern der supervisionsspezifische Ansatzpunkt für einen systematischen, gründlichen und umfassenden Reflexionsprozeß.

Den **Zugang zur Reflexion** des beruflichen Erlebens und Handelns - einbezüglich der Beziehungsrealität im Praxisfeld - bildet die Person des Supervisanden.

Durch die **Darstellung von Praxismaterial** (angebotene Inhalte und Art und Weise der Darstellung) werden subjektive Vorgehensweisen (Aktionen und Reaktionen) und subjektive Betroffenheit (intrapsychische Verarbeitungsformen) im Praxisfeld **innerhalb der Supervision** wahrnehmbar und erkennbar.

Die Anteile der subjektiven-intrapsychischen und beziehungsmäßigen Auseinandersetzung des Supervisanden in seinem beruflichen Beziehungs- und Praxisprozeß haben ihre Signale, Spiegelungen und Spuren in der körperlichen, emotionalen, kognitiven und beziehungsmäßigen Präsenz innerhalb der Supervision und sind über die Präsenz des Supervisanden innerhalb der Supervision und unmittelbar zugänglich .

Auf diesem strukturellen Hintergrund erweist es sich für die Supervision als folgerichtig, wenn, in Ergänzung zu verbalen Ansätzen, ausdrucksfördernde und erlebnisaktivierende Methoden zur 'Materialgewinnung' eingesetzt werden:

"Leben zeigt und erschließt sich weit mehr durch Handlungen Gesten, Töne, Worte, Bilder als durch Begriffe. "

Kreative Medien haben den Vorteil, daß sie Ausdrucksmöglichkeiten für Erleben, Gefühle, Phantasien, unbewußte Vorgänge enthalten, für die der Klient noch keine Sprache hat, die er oft auch noch nicht zu denken oder zu fühlen wagt." (Kurt Richter, Kreative Medien in der Supervision, Fachtagung 1987)

3. Digitalität und Analogie

Die Mittelbarkeit der Praxis kann durch eine angemessene 'Import-Methode' bzw. Eröffnungsintervention als unmittelbares personen-gebundenes Material in die Supervisions-Szene eingeführt werden.

Der Supervisand 'importiert' beziehungsmäßiges und strukturelles Praxismaterial in die Supervision, dabei übersetzt er Aktionen und Reaktionen, körperliche, emotionale und kognitive 'Erlebnis-Tatbestände' der Kommunikations-Beteiligten aus einer 'dort und da - Situation', in eine 'hier und jetzt - Situation'.

Die **Transport - und Übersetzungsarbeit** ist häufig mit " **Transportschäden**" und Verlusten verbunden, Verluste in Form der Selektion, Weglassung, Übertreibung, Umdeutung und Umproportionierung - aber er tut es (all das) mit seiner (wie auch immer eingegrenzten) Bewußtheit, Wahrnehmungs- und Ausdrucksstruktur im " **Hier und Jetzt** " der Supervisions-Situation.

"Der Gegenstand der Supervision ist das Praxismaterial in seiner subjektiven und selektiven Darstellung."
(John / Fallner, S. 76)

Die Problematik im Beziehungsfeld der beruflichen Praxis erschließt sich " weit mehr durch Handlungen, Gesten, Töne, Worte, Bilder als durch Begriffe. "

"Menschliche Kommunikation bedient sich digitaler und analoger Modalitäten.
Digitale Kommunikationen haben eine komplexe und vielseitige, logische Syntax, aber eine auf dem Gebiet der Beziehungen unzulängliche Semantik.
Analoge Kommunikationen dagegen besitzen dieses sematische Potential, ermangeln aber die für eindeutige Kommunikationen erforderliche Syntax." (Watzlawick, S. 68)

Im Sinne der Kommunikationstheorie nach Watzlawick erweitert sich mit dem Einsatz ausdrucksfördernder und erlebnisaktivierender Verfahren der Umfang das analogen Beziehungsmaterials und wird kommunizierbar, wenn die Wahrnehmung dafür nicht durch die digitale-begriffliche Kommunikations-Modalität getrübt und verzerrt bleibt.

Es kann also unschwer gefolgert werden:

"Der Inhaltsaspekt vermittelt die 'Daten', der Beziehungsaspekt weist an, wie diese Daten aufzufassen sind". (Watzlawick, S. 55)

Analoge Kommunikations-Anteile haben die beziehungsmäßigen Aussagen und Richtungen zum Inhalt.

Von diesem Standpunkt aus betrachtet, bekommen die Eingaben des Supervisanden, die er über seine Beziehungen, Zusammenarbeit und Konflikte im Praxisfeld macht (Inhalte), eine für die Reflexion und Aufarbeitung in der Supervision wesentliche Wahrnehmungsrichtung, nämlich wie er es macht. Das **WIE** ist vor allem aus dem analogen Material (bei einer verbalen Eingabe: Stimm-Modalität, Haltung, Atmung, Gestik, etc.) **erschließbar.** Wird es wahrgenommen, dann kann es als Reflexionsmaterial in den Bearbeitungs - und Bewußtwerdungsprozeß einfließen und genutzt werden.

Kreative Medien , Materialien und Verfahren haben einen höheren Anteil analogen Potentials als (rein) verbale Arbeitsansätze .

4. "Materialien"

Für eine 'gute und attraktive' **Supervisionsgestaltung** ist es nicht erforderlich, daß man immer ein abwechslungsreiches Kreativprogramm serviert - dies könnte dann u.U . auch seine Eigendynamik entwickeln und mehr der Vermeidung dienen - sondern, daß der Supervisor in der richtigen Phase, zum anstehenden Lernbereich und in der passenden Situation ein ausdrucksförderndes und reflexionsvertiefendes, kreatives Verfahren einzusetzten weiß und handhaben kann.

Kontinuierliche und systematische Reflexion des Supervisions - gegen - standes mit verbal-digital-strategischen Verfahren sind in der Supervision ein unaufgebbarer Bestandteil, damit planvolles und überprüfbares Vorgehen den Supervisionsprozeß nach wie vor kennzeichnen.

Kreative Medien, Materialien und Verfahren sind dabei eine **starke Unterstützung** in der lebendigen, ausdruckvollen und personennahen Vertiefung der Einsichtsgewinnung, Bewußtseinsförderung, Entscheidungsbildung und Verantwortungsübernahme im Zusammenhang des Erlebens und Handelns **innerhalb** der Supervision und **für das** Praxisfeld..

Die Palette der kreativen Möglichkeiten ist breit im Angebot hinsichtlich der Ansatzpunkte und Materialarten und sie ist ebenso reichhaltig im Hinblick auf gewünschten Tiefgang der Auseinandersetzung.

Einen umfassenden Teil erlebnisaktivierender Ansätze bieten in der Supervision die beteiligten Menschen:

- die Sprache, Sprachbilder, das 'Gewebe des *gesprochenen Textes'* , Schlüsselworte, Sprachgestaltung, Stimme usw.

- die Körper- Ausdrucksweisen, Bewegungsabläufe, Tempi, Gesten, Grundhaltungen usw.

- das plastisch-analoge Material in den Begegnungen, Pausen, Begrüßungen, Pünktlichkeiten, Ritualen, Sitzordnungen, Verabschiedungen, Gespann- und Triadenbildungen usw.

Einen weiteren großen Bereich bilden:

- der Raum, Entfernung, Rand, Mittelpunkt, Enge, Weite usw.

- die bildnerischen Mittel, Fläche, Farben, Symbole, Zuordnungen und Strukturen,

- die Rollen- und Situations-Spielansätze und Verfahren aus dem Bereich des Spiels (siehe auch Spiel-Materialien, U. Baer, Akademie Remscheid)

und

- die unterschiedlichsten Klein-Materialien: Knöpfe, Tassen, Fäden, Scheiben, Baukästen, Knetmasse, Tonerde, Gips, Figuren, Ansichtskarten, Verfremdungen usw.

Einen kreativen Umgang mit " Sprache " in der Supervision fand ich in dem Beitrag von Elfi Gorges und Lother Krapohl " Wahrnehmungszugänge in der Supervision " zum Stichwort : Sprachliche Repräsentation :

" Für die Supervision bedeutet das, daß wir wichtige Hinweise darüber erhalten können, wie der Supervisand sein Erleben und seine Wahrnehmung organisiert, wenn wir auf seine sprachlichen

Repräsentationen achten. Aus der - meist unbewußten - Wahl der Prädikate, d.h. der verwendeten Verben, Adverbien und Adjektive lassen sich Rückschlüsse auf sein jeweils bevorzugtes Repräsentationssystem ziehen. So ist es für den Verständigungsprozeß von Bedeutung, daß wir erkennen, ob der Supervisand eher visuelle, auditive oder kinästhetische Wahrnehmungszugänge bzw. Repräsentationen wählt. Eine entsprechende Angleichung in den Prädikaten erleichtert dann den Zugang zur Wahrnehmung des Supervisanden und ermöglicht in der Folge Verständigung und Vertrauenszuwachs.

Beispielsweise würde es im Rahmen der Selbstexploration einem Supervisanden der seine Wahrnehmung dominant visuell organisiert, helfen wenn man ihm sagt : "schau einmal in Dich hinein" , bei einem eher auditiv ausgerichteten Supervisanden lautet die entsprechende Aufforderung : "höre einmal in dich hinein", und ist das bevorzugte Repräsentationssystem kinästhetisch, so würde es heißen : "fühle einmal in Dich hinein"!

Wenn der Supervisor die Repräsentationssysteme seiner Supervisanden identifizieren kann, weiß er, welche Zugänge zur Realität ihnen zur Verfügung stehen und welche kaum oder gar nicht. Läßt ein Supervisand z. B. ein ganzes Repräsentationssystem aus, so sind seine möglichen Erfahrungen reduziert und es wird dann große Probleme z. B. in der Kommunikation mit Klienten geben, wenn diese das Repräsentationssystem verwenden, das beim Supervisanden kaum oder nicht ausdifferenziert ist.

Zielsetzung wäre dann, über den Wechsel und das Hinzufügen von Repräsentationssystemen, von Grinder/Bandler "Metataktiken" genannt, eine Erweiterung der Wahrnehmung und ihrer Repräsentation. " (in Kersting, Krapohl, Leuschner; S. 109)

Alle bekannten Supervisionskonzepte haben eine Fülle kompeten-
ter Umgangs- und Bearbeitungsverfahren für importiertes Praxismaterial entwickelt. Dabei sind viele Vorgehensweisen aus der
Praxis der Supervision heraus entstanden.

Fast alle Supervisions-Praktiker haben aus Theorie und Praxis
anderer Beratungs-, Therapie- und Trainingsarten Anregungen für
ihre Supervisionspraxis gewonnen und in supervisionsadäquate
Interventions- und Reflexionsverfahren übersetzt und gestaltet.

Das war und ist legitim und sogar notwendig, wenn ein Bera-
tungs- oder Therapieansatz - hier das Supervisionskonzept -
nicht zur vernebelten Konzept-Nabelschau und zähflüssigen
Eigendynamik gerinnen soll.

Der Einfallsreichtum und die kreativen Möglichkeiten des Supervisors bilden **einen Faden** für das Supervisionsgewebe, der sach-
gerechte und einfühlsame Umgang (zeitliches und räumliches
Setting etc.) mit erlebnisorientierten Verfahren bildet **einen
weiteren** Faden.

Für den Umgang mit ausdrucks- und erlebnisaktivierenden Ansätzen, gibt es bereits eine Reihe von beraterischen und therapeutischen Richtungen, die Hinweise und Kriterien enthalten, die
für die Übersetzung in die Supervisionspraxis beachtet werden
sollten.

Hingewiesen sei auf:

o Kulturelle, medienbezogene Fort- und Weiterbildungsangebote der Akademie Remscheid (Methoden der Freizeit-
  und Kommunikationsberatung, Sozial-Kulturelle Animation
  und Beratung, etc.)

o Konzepte der Gestaltarbeit

o Konzepte des Psychodramas, Soziodramas und Behavior-
  dramas

o Konzepte des Bibliodramas (E. Natalie Warns, Bielefeld-
  Bethel)

o Spieltherapeutische und spielpädagogische Ansätze und
  Entwicklungen

o System- und Familientherapeutische Arbeitsverfahren (z.B.
  Jugendhof Vlotho, Dr. A. Schultze, Kreative Mittel in der
  Familienberatung)

o Katathymes Bilderleben und symbolorientierte Therapien

o Körper- und Bewegungs-Ansätze u. Schulen.

o Musiktherapeutische Konzepte

o Kreativitätstrainingsansätze nach Metzger u.a.

Besondere Beachtung sollte auch der sich entwickelnde Bereich
der Kunstpsychologie finden.

5. Orientierung für den Einsatz erlebnisaktivierender Medien und Materialien

Für den diagnostischen Prozeß und die Zielrichtung der Reflexionsarbeit ist es von Bedeutung, wie mit dem personen-gebundenen, importierten Material aus der mittelbaren Praxis umgegangen wird; wie es innerhalb der Supervision " **bewegt** " wird.

Grundlegende Arbeitsschwerpunkte für Supervisionsprozesse sind:

<u>Einsichtnahme</u> in

* die Art und Weise der Darstellung

* die eigene Wahrnehmung ('Blinder Fleck'/Johary-Fenster)

* die Wahrnehmung der Supervisionsbeteiligten

* Diskrepanzen zwischen Selbst- und Fremdwahrnehmung

* Bewertungs- und Schlußfolgerungsmuster

* die Art der gelungenen oder problematischen 'Lösung'

<u>Bewußtseinsförderung</u> für

* Körperreaktionen und nonverbales/analoges Beziehungs-Begleit-Material

* emotionale Betroffenheit und darin enthaltene Regressions- und Progressions-Ansätze, Strategien und Verarbeitungsformen

* Kognitive Dissonanz-Strategien, Rationalisierungen, geistige Bequemlichkeiten und vorhandenes Potential

* Beziehungsprozesse und Kooperationsmöglichkeiten, Konflikte und Vermeidungen, Blockaden und 'Oberflächlichkeiten' im Praxisfeld, eigenes Beziehungspotential

Zielentwicklungs- und Entscheidungsfähigkeit für

* Differenzierungen von Nah-, Mittel- und Fernzielen

* Portionierte und fokussierte Arbeit in der Beziehungs-Szene des Praxisfeldes "das, was dran ist" und was morgen und was später ansteht

* Ganzheitliches und strukturiertes Vorgehen mit der eigenen Person im System der Praxis zur Veränderung von Situationen und Richtungen

Verantwortungsbereitschaft und Verantwortlichkeit für

* die eigene Präsenz im Beziehungs-Erleben und im Beziehungs-Handeln

* Konflikte, Konfrontationen und Auseinandersetzungen, Versöhnungen und Partnerschaften, Parteilichkeit und Neutralität

* Beteiligungen an Subsystemen (Dyaden, Triaden, Untergruppen und Abteilungen) im Praxis-System

* die eigene Situation und Perspektive in der Beziehungs-Szene und der Struktur des Praxisfeldes

Das berufliche Erleben und Handeln soll umfassend, systematisch und schwerpunktmäßig betrachtet und reflektiert werden. Damit das jeweils situative-importierte-Praxismaterial im Verlauf des Supervisionsprozesses mit verändertem Fokus aufgenommen und in eine weiterführende Zielsetzungs-Spannung gebracht werden kann, sollte der Supervisor für jede Supervisionseinheit für sich überprüfen:

o Bin ich (Supervisor) jetzt körperlich, emotional und kognitiv in der Beratungsbeziehung *präsent*, bewußt und wahrnehmungsfähig?

o Ist das Medium, die Art des Materials und die Art der Aufgabenstellung für den Einstieg geeignet oder erhöht es die Einstiegsschwelle?

o Kann das geplante (oder auch spontan entwickelte) erlebnisorientierte Verfahren unterschiedliche Erlebnisqualitäten, Gefühle, Kognitionen, Phantasien und Assoziationen im Reflexionsprozeß halten, oder 'verführt' es 'von vornherein' zum therapeutischen Setting und Prozeß?

Darüber hinaus gibt es eine Reihe weiterer Gesichtspunkte für den verantwortlichen und zielgerichteten Umgang mit kreativen Medien und Materialien im Supervisionsprozeß.

Insbesondere ist zu überlegen an welcher Stelle in der Supervisions-Sitzung und in welcher Phase im Längsschnitt des Supervisionsprozesses die Arbeit mit kreativen Medien für den Reflexionsprozeß unterstützend und vertiefend ist oder ob es sich nur um kreative 'Kosmetik' handelt.

Ferner ist für die Supervisionsarbeit zu bedenken, welche Re-
gressions-Tiefungs-Stufen durch ein erlebnisorientiertes Verfahren belebt werden und welche " **Tiefung** " für die Reflexion
erforderlich ist und welche nicht. Diese prozeßdiagnostische
Überlegung kann ggf. eine unnötige Klientelisierung und damit
das 'Umkippen' der Supervisions-Arbeitsbeziehung in eine therapeutische Arbeitsbeziehung, die nicht beabsichtigt sein kann,
vermindern.
Hiermit soll nicht die Festlegung einer statischen Grenze
zwischen Therapie und Supervision favorisiert werden. Beide
beziehen sich auf konflikthafte Szenen der Person und ihrer
Interaktion. Es geht vielmehr um die Klarheit der Eingrenzung
des 'Gegenstandes' für die Reflexion . In der Supervision ist dies
das Erleben und Handeln im beruflichen und institutionellen Zusammenhang. Dazu soll die Arbeitsbeziehung in der Supervision
verhelfen und daraus soll sich die Tiefung in Persönlichkeitszu-
sammenhänge im Vergangenheits - Erleben ableiten und
wiederum darauf beziehen.

Für alle Phasen im Supervisionsprozeß, Einstiegssituationen und
Reflexionsschwerpunkte können erlebnisorientierte Ansätze konzipiert werden.

Auch für die back-home-Szene in der Supervision erscheinen
kreative, ausdrucksfördernde und anschaubare Mittel in bestimmten Supervisionsphasen von Bedeutung zu sein, weil sie 'begriff-
lich sichtbar' machen können, wie 'Erlebnisse' aus der Supervision
in einen Handlungsansatz für die Praxis fließen sollen.

Für diesen umsetzungsbezogenen Arbeitsanteil in der Supervision
an der Schwelle zur Praxis lassen sich kleinere und um-
fassendere kreative Verfahren auch mit wenig Materialien entwickeln.

Für den diagnostischen Prozeß ist dieser 'Ausfuhrbereich' ebenso wichtig, wie der 'Einfuhr- und Bewegungsteil' für das Praxismaterial. Vielleicht wird in der Supervision diesem Teil manchmal - oder gar häufig - so wenig diagnostische Aufmerksamkeit gewidmet, weil 'man doch zum Schluß unter Zeitdruck' gerät oder festgestellt wird, daß die Zeit nun um ist.

Auch in diesem Bereich ist die 'Transport- und Übersetzungsarbeit' mit **Transportschäden** , Verlusten und Übertreibungen verbunden. Außerdem sollte in der Supervision klar bedacht werden, daß es für die bearbeiteten Inhalte auch " **Ausfuhr - Begrenzungen** " gibt. Nicht alles was in der Supervision " bewegt " wurde, ist unmittelbar in die Praxis übersetzbar !

Was muß 'in der Supervision bleiben', was soll 'exportiert und experimentiert' werden?

Der Supervisand " **exportiert** " supervisions-eingebundenes Material in die beziehungsmäßige und strukturelle Praxis. Dabei ist er angeregt und motiviert, Einsichten, Bewußtseinszuwachs, Entscheidungen für Ziele und Verantwortlichkeiten zu realisieren (oder auch nicht !?) .

Beabsichtigt und wichtig ist die wachsende Sensibilität des Supervisanden für praxisrelevante Veränderungsansätze.

"Insgesamt geht es um die eigenständige (Ergebnis-)Kontrolle des Supervisanden und um die veränderte oder bewußt nicht veränderte 'Verdrahtung' von Bedingungszusammenhängen in seiner beruflichen Interaktion." (John/Fallner, S. 100)

Der **Handlungsentschluß** (die **Vorsatzbildung**) ist eine Figur, die sich aus dem Bearbeitungshintergrund innerhalb der Supervision abhebt und auf das Praxissystem gerichtet ist.

Die " **Export - Methode** " des Supervisors sollte vor allem die Vorsatzbildung zur Umsetzung kurzfristiger Ziele und die vom Supervisanden dazu entwickelte Schrittgröße und Risikoeinschätzung in den Blick nehmen. Wie will er es anpacken? In welcher Beziehung, in welchen strukturellen Teilsystemen und Zusammenhängen? Unterschätzt er sich? Überschätzt er sich? Realisiert er, daß er sich hier im 'Schutzraum Supervision' befindet und dort im 'ungeschützten Praxisfeld'?

Der Handlungsentschluß trifft im " **Dort und Dann** ", in der Regel schon sehr bald, auf das komplexe Beziehungs- und Struktursystem, und wer in einem System etwas verändert, beeinflußt das ganze System, zumindest im greifbaren Subsystem.

Vielleicht zeigt bereits die Vorsatzbildung, daß in einem, alten Muster agiert werden soll. Vielleicht' zeichnet sich ein neues Muster ab. Ist die Veränderung einsehbar, bewußt, entschieden, im Risiko geschätzt? Wird die Verantwortung für den veränderten Ansatz übernommen?

Für die Auswahl und den Einsatz erlebnisaktivierender Verfahren in der Supervision bieten die Lernbereiche (vgl. John / Fallner) eine gute Orientierung.

Lernbereiche :

* Selbstkenntnis und berufliche Rolle
* Theorie und berufliches Handeln
* Kommunikation und Interaktion im Beziehungsfeld der Praxis mit Adressaten und Mitarbeitern und im Beziehungsgefüge der Supervision
* Institutionelle Einbindung – die Einbindung in der strukturellen Wirklichkeit des Praxisfeldes und die strukturelle Situation der Supervision
* Verselbständigung und Transfer –
  Supervisioneingebundene Reflexion soll sich übersetzten und vertiefen in selbständige Entscheidung, Handlung und Verantwortlichkeit im Praxisfeld und Alltag

6. Hinweise und Kriterien aus der Gestaltarbeit

Eine gut sortierte Praxis-Theorie-Konzeption zur Orientierung und Kriterienbildung für erlebnisaktivierende Interventionen in der Supervision bieten die (wenn auch unterschiedlich akzentuierten) Ansätze der Gestalttherapie und Gestaltberatung.

Vor allem auch deshalb, weil die Gegebenheiten der mittelbaren Lebens- und Alltags-Praxis und die Unmittelbarkeit der Person als Struktur-Prinzip beachtet werden.

"Vergangenheit und Zukunft können nach Perls nur in der Gegenwart analysiert werden, sofern sie im Hier und Jetzt über Erinnern und Erwarten präsent sind, oder präsent gemacht werden können." (Dorothea Rahm, S. 99)

Erinnerungen und Erwartungen sind wesentliche Teile in der Präsenz und in der Bewußtheit des Supervisanden im Hier und Jetzt, wenn er aus der Mittelbarkeit der Praxis in die Unmittelbarkeit der Supervision tritt.

In der Gestaltarbeit wird Bewußtheit als das zentrale Konzept verstanden.
Alle Anwendungen zielen darauf ab, Bewußtheit zu realisieren und sich selbst als einen ganzheitlichen Menschen innerhalb eines situativen Kontextes zu begreifen.

Dorothea Rahm zieht es vor, anstatt Bewußtheit den englischen Begriff 'Awareness' beizubehalten, weil er präziser das beinhaltet, was er meint, als das, wozu der deutsche Begriff 'Bewußtheit' assoziativ verführt.

"Es handelt sich um eine Zustand aufmerksamer Wachheit gegenüber den Dingen, die im jeweiligen Augenblick hier und jetzt in mir, mit mir und um mich herum vorgehen. Gegenüber dieser gespannten Wachheit ist das Wachsein, in dem wir gewöhnlich leben, getrübt, gedämpft und in seiner Wahrnehmungskapazität eingeschränkt." (Stevens 1972, zit. nach Petzold 1973, S. 22 zit. nach D. Rahm 1986, S. 168)

Sei noch angemerkt, daß Fritz Perls drei Ebenen der Wahrnehmung unterscheidet:

- o **interne** Wahrnehmung; Selbstbewußtheit bzw. Selbstwahrnehmung

- o **externe** Wahrnehmung; Fremd- und Umweltwahrnehmung

- o **meditative** Wahrnehmung; Wahrnehmung von nicht Vorhandenem, möglicherweise eine Abwehr- und Vermeidungsform, aber auch eine produktive Kategorie der Vor - Stellungen, Phantasien und der Imagination

In der Phase der Arbeit am personengebundenen Praxis-Material kommt es auf ein immer wieder neues und anderes Betrachten an, damit möglichst viele und zentrale Facetten der Person und des Praxissystems in den Blick und in die Reflexion kommen.

Der Prozeß des *'Umschüttens von Inhalten in andere Gefäße'* macht oft erst die Wahrnehmung für das, was in *'dem Topf drin und nicht drin ist',* möglich (**transfundieren**) .

Zinker definiert seinen Arbeitsansatz als eine kreative Therapie.

"Therapie ist ein Prozeß sich ändernden Gewahrseins und Verhaltens. Das sine qua none des kreativen Prozesses ist die Änderung: Die **Transformation** einer Form in eine andere, eines Symbols in eine neue Folge von Verhaltensweisen, eines Traumes in eine dramatische Darstellung. So sind Kreativität und Psychotherapie auf einer grundlegenden Ebene miteinander verbunden: Transformation, Metamorphose, Änderung." (Zinker, S. 14/15)

Das Awareness-Konzept steht in einem unmittelbaren Zusammenhang mit dem zentralen Arbeitsansatz im Hier und Jetzt:

Nach Petzold:

"Bewußtsein kann sich nur im Hier und Jetzt manifestieren und auf reale Fakten, Verhalten und Umwelt stützen." (Petzold 1973, S. 25 - zit. nach D. Rahm, S. 169)

"In der Gestaltarbeit wird mit Hilfe von verschiedenen Methoden versucht, entfernte Situationen im Hier zu erleben und Vergangenheit und Zukunft zu vergegenwärtigen, so daß die Bedeutung von vorangegangenen und zukünftigen Gegebenheiten für die gegenwärtige Befindlichkeit auf emotionaler, kognitiver und somato-motorischer Ebene erlebt werden kann." (D. Rahm, S. 169)

Der eindeutige Schwerpunkt liegt dabei auf dem Erleben in der aktuellen Situation und nicht nur im bloßen Darüberreden.

Für die Arbeit mit ausdruckfördernden und erlebnisaktivierenden Medien innerhalb der Supervision erscheint das aus der Gestaltarbeit kommende **Figur - Grund - Prinzip** ebenfalls von Bedeutung.

In der Formulierung von D. Rahm :

"Gestalten heben sich als gesonderte, umgrenzte, gegliederte, möglichst einheitliche und geschlossene Bereiche (Figuren) von einem unstrukturierten Grund ab, wobei ein Umkippen und Verschieben von Figur und Grund stattfinden kann. Auf das Erleben übertragen bedeutet dieses Gestalt-Gesetz, daß jeweils das im Moment im Vordergrund steht - bzw. zur Figur wird, was im Moment vorrangig zur Bearbeitung ansteht. In der Gestalttherapie wird grundsätzlich mit dem im Vordergrund stehenden gearbeitet, so daß das gesamte therapeutische Geschehen hierdurch geleitet und strukturiert wird." (D. Rahm, S. 166)

Neben der Bedeutung des Figur - Grund - Ansatzes als Wahrnehmungsfokus gibt es für den Supervisionsprozeß weitere Orientierungen für die Wahrnehmungslenkung.

Für ein **Institutions - Porträt** (aus Papier-Fläche, Farben und Formen) bieten sich für die Wahrnehmung, Beschreibung und Auswertung der Analogien im Bild beispielsweise die **Ebenen der Kommunikation in institutionellen Zusammenhängen** (nach John / Fallner , 1984) an :

Ideologische Ebene

----

z. B. Menschenbild / Lebenssinn / Institutionsideologie
Bereich der persönlichen und kollektiven
'Einstellung'

Strukturelle Ebene

----

z. B. Rollen / Zuständigkeiten / " Kanalisierungen "
Bereich des zugeschriebenen und selbstbewerteten
'Stellenwertes'

Funktional - Pragmatische Ebene

----

z. B. Alltagsregelungen / Absprachen / " Routine "
Bereich der 'Wirklichkeit' von System - Regelungen

Psycho - Soziale Ebene

----

z. B. Selbstwertempfinden / Selbst - Definition in Be-
ziehungen und Systemen
Bereich der persönlichen und sozialen Achtung in der
Institution

Der Gestaltansatz und der Systemansatz haben eine gemeinsame Schnittmenge , die für die supervisorische Betrachtung interessant erscheint. Die in der Supervision unmittelbar präsente Person des Supervisanden/der Supervisandin re-präsentiert Persönlichkeitsfaktoren **und** strukturelle Faktoren des Praxis - Systems. Beide Bereiche (Faktorenfelder) befinden sich in ständiger und wechselseitiger Beeinflussung. Dieser **Bedingungszusammenhang** ist häufig sehr deutlich im analogen Teil der Kommunikation erkennbar. Mit dem Einsatz ausdrucksfördernder Medien und Materialien läßt sich dieser Zusammenhang 'sichtbar' und als Ausgangs- und Bezugspunkt für supervisionsrelevante Reflexion nutzbar machen.

Neben der Schnittmenge bieten der Gestalt-und Systemansatz natürlich jeweils ein 'Sondergut' auf. Die Nutzung der spezifischen Fragestellung ergibt sich aus der Notwendigkeit des einzustellenden Reflexions-Fokus in der Supervision .

" In der Lebenswirklichkeit umfasst der Grund die ganze Lebensgeschichte , die vielen Menschen und Umstände, die mich beeinflußt haben.... Es sind die sichtbaren und die verdrängten Anderen, mit denen ich meinen inneren Dialog führe. Damit beschreiben wir zugleich Lewins Lebensraum, sein soziales Feld, als System. So läßt sich auch der unendliche Prozeß der Gestaltfindung systemtheoretisch beschreiben:
In einem komplexen System bilden sich Reduktionen (gleich Gestalten) heraus, die das System verändern. Aus diesen Reduktionen entfalten sich neue Komplexitäten, die wiederum zu Reduktionen führen usw."
(Rolf Bick, Sozial Extra, Januar 1987).

Literatur:

Baer, Uli
Arbeitsmaterialien 'Spiel',
Akademie Remscheid

Bick, Rolf
Gestalt und System,
in: Sozial extr i Januar 1987

John, R. , Fallner H.
Handlungsmodell Supervision,
Mayen, 2.Auflage 1982

Persönlichkeit und Alltagshandeln ,
Seminarmaterial Bielefeld 1984

Kersting, H. J. , Krapohl, I. , Leuschner, G.
Diagnose und Intervention in Supervisionsprozessen
Fachtagung 1987; erschienen Aachen 1988

Kobbert, Max, J.
Kunstpsychologie,
Darmstadt 1986

Minuchin, Salvador
Familie und Familientherapie
Freiburg i. Br. 1977

Petzold, H. E. , Brown, G. I.
Gestaltpädagogik,
München 1972

Rahm, Dorothea
Gestaltberatung,
Paderborn, 4. Überarb. u. erw. Aufl. 1986

Richter, Kurt
Gestalttherapie und Forumtheater,
Remscheid 1985,
Prospekt 'Kreative Medien in der Supervision',
Remscheid 1987

Satir, Virginia
Selbstwert und Kommunikation,
München, 3. Auflage 1978

Schultze, Dr. Annedore
Arbeit mit der Familie,
Landschaftsverband Westfalen-Lippe 1985

Tulku, Tarthang
Raum, Zeit und Erkenntnis ,
Reinbek b. Hamburg 1986

Warns, Else N.
Spiele zum Thema Dritte Welt (I + II),
Gelhausen / Berlin / Stein 1981

Watzlawick, Paul
Menschliche Kommunikation,
Bern, 4. unveränd. Auflage 1974

Zinker, Joseph
Gestalttherapie als kreativer Prozeß,
Paderborn 1984

Prozessuale Diagnostik in Beratung und Supervision

Diagnostik ist die Gesamtheit der Maßnahmen zum ganzheitlichen Verstehen und Erfassen von Beratungs-Situationen und -Abläufen und der darin mitwirkenden Personen und Umstände.

Die wichtigste **Funktion von Diagnostik** ist die Vorbereitung von Entscheidungen für das methodengeleitete Handeln des Beraters bzw. Supervisors. Ebenso wie die kreative Gestaltarbeit, verwenden wir in der medienintegrierten Beratung und Supervision einen Diagnoseansatz, der vier Aspekte miteinander in Verbindung bringt:

1. Phänomenologische Sichtweise
Sie konzentriert sich auf das direkt Beobachtbare, Offensichtliche, all das, was im Hier und Jetzt der Situation direkt gesehen, gehört, gerochen, gefühlt und ertastet werden kann.

2. Prozessuale Orientierung
Jedes diagnostische Handeln wirkt sich auf das Prozeßgeschehen aus, wirkt auf die Interaktion von Berater-Klient / Supervisor-Supervisand ein, bzw. ist Bestandteil dieser Interaktion.

3. Strukturale Reflexion
Bestimmte Phänomene wiederholen sich, von dieser beobachteten Redundanz läßt sich vermuten, daß Sie Ausdruck von Strukturen ist. Diese werden in einem gemeinsamen Bewußtheits- und Kommunikationsprozeß identifiziert und bilden häufig die Grundlage für die weitere Beratungsarbeit.

4. Mediale Exploration
Kreative Medien haben den großen Vorteil, daß durch sie bisher ungesagtes ausgedrückt wird und Erlebnisse zur (medialen) Sprache kommen können, die der Kopf noch nicht zu denken wagt.

1. Die phänomenologische Perspektive

1.1. Hier und Jetzt

Diagnostik ist eine Momentaufnahme. Sie erfaßt den Ist-Zustand einer Person (Gruppe, System) so, wie sie im Hier und Jetzt erscheint.

Das HIER umfaßt den gesamten Lebensraum eines Menschen, also alle sozialen, ökologischen und ökonomischen Faktoren, die auf die Person jetzt (direkt oder vermittelt) einwirken.

Das JETZT: Der Mensch trägt in jedem Moment seiner Gegenwart die Ereignisse seiner Vergangenheit und die Möglichkeiten seiner Zukunft in sich. Diagnostik versucht also die aktuelle Hier- und Jetzt-Situation als räumlich und zeitlich gestaffelte Figur-Grund-Formation zu erfassen. Sehr hilfreich für das Verständnis der phänomenologischen Arbeitsweise ist das Figur-Grund -Prinzip aus der Gestaltpsychologie.

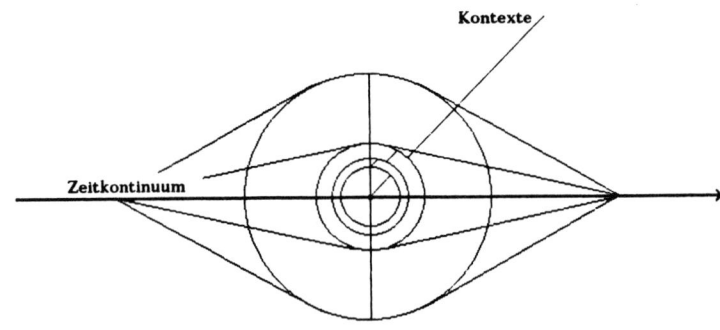

1.2. **Exkurs** über das Figur-Grund-Prinzip

Gestalten heben sich als geschlossene, gegliederte, einheitliche Figuren von einem unstrukturierten Hintergrund ab.

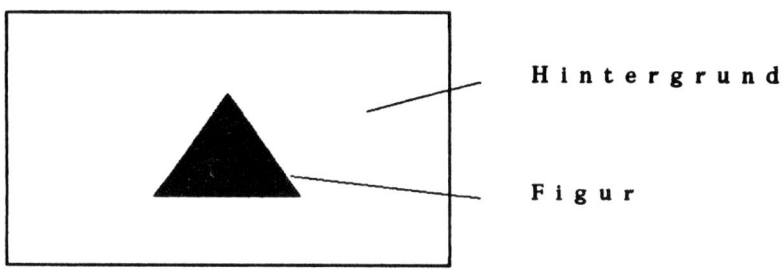

Die Gestalttherapie überträgt dieses, ursprünglich in Wahrnehmungsvorgängen untersuchte, Prinzip auf das gesamte Leben und Erleben des Menschen. Im Strom des Erlebens bzw. der Bewußtheit tritt jeweils ein Ereignis (Empfindung, Gefühl, Bedürfnis, Interesse, Idee, Gedanke etc.) in den Vordergrund, das zur Erledigung ansteht bzw. 'drängt'.
In der Erlebnisfigur drückt sich die aktuelle Bedürfnislage des Organismus aus. Nach seiner Befriedigung tritt die Gestalt wieder in den Hintergrund, macht dem Ausdruck einer neuen Figur Platz.

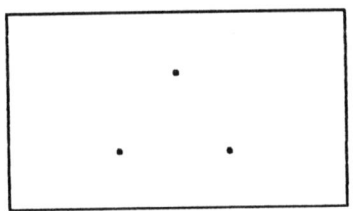

1. Empfindung

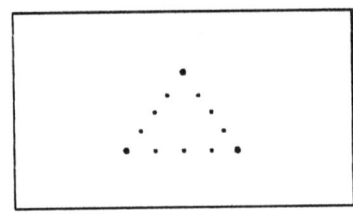

2. Gefühl

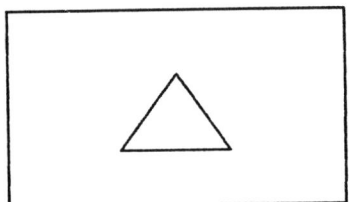

3. Erregung

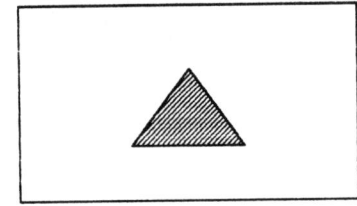

4. Handlung

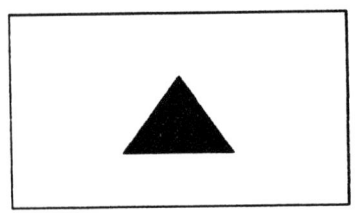

5. Kontakt
Austausch mit der Umwelt

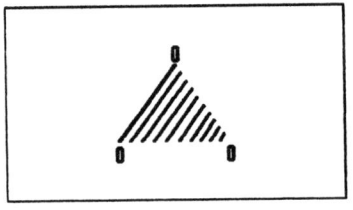

6. Rückzug/Befriedigung

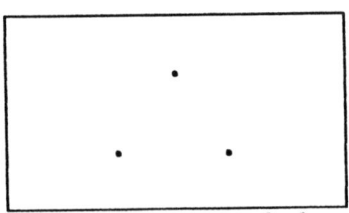

7. neue/weitere Empfindung

Ein einfaches Beispiel:

1. Empfindung - 'Bauchgrimmen'

2. Gefühl - Eine Empfindung oder mehrere, zunächst un-
verbundene Empfindungen , werden als Figur erkennbar und
können als Gefühl benannt werden. Hier: Empfindung wird als
Hungergefühl identifiziert

3. Erregung - Mobilisierung von Energie- eine gewisse Unruhe
läßt als "Hintergrundrauschen" das Hungergefühl besonders
prägnant in den Vordergrund rücken

4. Handlung- Energie ist da, die Handlung wird unausweichlich,
die Nahrungssuche beginnt.

5. Kontakt - hier mit der Nahrung im Vorgang der Nahrungs-
Aufnahme

6. Rückzug - Das Hungergefühl läßt nach, Erregung weicht der
Ruhe - die Erlebnisfigur "Hunger" tritt in den Hintergrund

7. Eine neue Empfindung macht sich bemerkbar usw.

Selbstverständlich verläuft diese Dynamik von Figur und Grund
nicht immer so klar und störungsfrei ab wie in diesem Beispiel.
Eine Gestalt kann ständig unabgeschlossen bleiben, so z.b. wenn
die Beziehung zu einem anderen Menschen unklar bleibt, ein
Gefühl wie Ärger, Angst, Liebe, Trauer nicht ausgedrückt oder
ein Bedürfnis ignoriert wird. Die Konsequenz ist, das unerledigte
Geschäfte die Dynamik dieser unabgeschlossenen Gestalten sich
mit anderen Tendenzen im Feld mischen und so zu Wahr-
nehmungs-, Erlebens-, Handlungs- und Denkverzerrungen führen
können. Das freie Fließen der Gestaltbildung in der Bewußtheit
klappt beim neurotisch gestörten Menschen nicht. Er verwendet

Vermeidungsmechanismen, damit er sich mit bestimmten für ihn schmerzhaften, angst- oder unlusterzeugenden Situationen nicht auseinanderzusetzen braucht. Das aber wäre notwendig um die entsprechende Erlebnisgestalt zu schließen. Die Vermeidung ist obendrein eine seelische Anstrengung, die viel Energie kostet, die der Lebensbewältigung abgeht (siehe auch Vermeidungsmechanismen).

Für die Beratungspraxis mit dem Gestaltansatz sind zunächst die Fragen relevant:

Was ist gerade im Bewußtseinsstrom des Klienten/ Supervisanden Figur?

Woran kann ich erkennen, was gerade Vordergrund ist?

Denn auf das Offensichtliche, auf das was im Vordergrund steht, beim Klienten, werde ich mich mit meinen Interventionen beziehen. Hilfreich sind zunächst Fragen, welche die Bewußtheit anregen, z.B.

Wie geht es dir jetzt?

Was fühlst du gerade?

Wo fühlst du es ?

Was nimmst du jetzt wahr?

Was willst du jetzt?

Was erwartest Du jetzt ?

Was brauchst du jetzt?

106

2. Die phänomenologische Haltung

Die phänomenologische Methode beschäftigt sich zunächst mit dem, was im Augenblick beobachtbar ist, dem Augenscheinlichen. Der Beobachtungsgegenstand ist allerdings nicht statisch sondern in ständiger dynamischer Veränderung. Die Wahrnehmung erfaßt also Bewegungen: Bewegungen in der Person (psychische Prozesse) und zwischen Personen (Interaktion) im jeweiligen Kontext. Das phänomenologische Vorgehen ist nicht voraussetzungslos. Es erfolgt aus einem Standpunkt heraus bzw. aus einer " **Warte** " Die muß der Berater/Supervisor reflektieren, d.h. seine eigenen selektierenden Persönlichkeitsanteile kennen. Im interaktionalen Geschehen treffen die Wahrnehmungen des Supervisors und des Supervisanden aufeinander, treten in ein Wechselspiel:

- Die Wahrnehmung des Beraters/Supervisors

- Die Wahrnehmung des Klienten/Supervisanden

- Die Selbst-Wahrnehmung des Beraters/Supervisors

- Die Selbst-Wahrnehmung des Supervisanden

- Die Wahrnehmung der Interaktion

- Die Wahrnehmung des Kontextes

Wahrnehmungen bedingen sich wechselseitig. Das, was erscheint, das Phänomen, ist also 'Er-gebnis' der Bewegung, der Interaktion im Beratungsprozeß.

3. Die prozessuale Orientierung

Daraus folgt, die phänomenologische Diagnostik ist immer zugleich Ein-griff in die Interaktion, beeinflußt den Beratungsprozeß. Diagnostik ist also immer auch Intervention. Wenn ich z.b. einen Klienten frage, wie er sich fühlt, erwarte ich ja nicht nur eine Auskunft über seine Befindlichkeit.

Die Frage löst bei ihm ja zugleich eine innere Wahrnehmung aus, steigert seine Selbstwahrnehmung und aktualisiert u.U. auch seine Abwehrdynamik. Diagnostik ist nicht nur Entscheidungsgrundlage für zukünftiges Beraterhandeln (Interventionen), sondern selbst schon veränderndes Handeln im fortlaufenden Geschehen des Beratungsprozesses.

Im reflektierenden Handeln sucht der Berater nach möglichen **Strukturen hinter den Phänomenen** . Er achtet dabei auf die **Redundanz**, die Wiederholungen und Variationen bestimmter szenischer Abläufe und Themen. Aus der Folge redundanter Szenen läßt sich auf so etwas wie ein Drehbuch, ein Lebensskript, schließen. Die gesamte Geschichte eines Menschen wird als Geschichte von räumlichen, zeitlichen und sozialen Konfigurationen (= Szenen) im Leib archiviert. Das **Kondensat der gespeicherten Szenen** wird als **Strukturen** bezeichnet. "Die Strukturen werden über den Körper aufgenommen und in den zerebralen Speicherzentren als biophysikalische Engramme gespeichert." (D. Rahm, 1986, S. 102)

In dem beobachtbaren Verhalten sind alle gespeicherten Strukturen anwesend. Sie sind sichtbar. Trotzdem fällt es oft schwer, sie auch wahrzunehmen. Dies gilt besonders für den Betroffenen. Mit der Technik der Vergegenwärtigung (vergangener Erlebnisse und zukünftiger, vorwegerlebter Ereignisse) bekommen sie eine klar erkennbare Figur auf dem Erlebnishintergrund. Die prägnante Figur kann nun als eine offensichtliches Phänomen wahrgenommen, neu durchlebt, bearbeitet und reflektiert werden.

5. Die mediale Exploration

Dieser Vorgang der Sichtbarmachung, der Vergegenwärtigung und Verdeutlichung wird durch Ausdrucksmaterialien und kreative Mittel wesentlich unterstützt und differenziert. Wir sind meist zu stark an Sprache und damit an "digitalorientierte" Diagnostik gewöhnt und übersehen die enormen diagnostischen Möglichkeiten der analogen (Selbst-) Kommunikation durch diese Medien. Medien sind hilfreiche Mittler **zwischen der Zone des Schweigens** und dem gestalteten, informationshaltigen Ausdruck. Psychisches und interaktionales Material erfährt so eine be-greifbare Verstofflichung und Konkretisierung: Leises wird hörbar, unsichtbares sichtbar, sprachloses sprechbar usw.

Das Ausdrucksspektrum wird größer und differenzierter. Ein Lebenslauf läßt sich z.B. erzählen. Man kann den Lebensverlauf aber auch in Form einer Fantasiereise sich vergegenwärtigen und diese erlebnishafte Vision aufmalen (Panoramatechnik).

Diese Form der Darstellung einer Lebensgeschichte leuchtet Aspekte aus, die oft der Sprache nicht oder doch nur sehr schwer erschließbar sind. Die Qualität einer Beziehung kann z.B. besprochen werden. Sie kann aber auch in einem gemeinsam gemalten Bild visualisiert, durch Statuenarbeit/Skulpturierung verkörpert, durch Töne hörbar, durch Plastizieren an-fühlbar oder im szenischen Spiel dramatisierbar werden. Es eröffnet sich hier eine umfassende Palette von medialen Diagnosemöglichkeiten. Welche ich auswähle, hängt nicht zuletzt von meiner diagnostischen Perspektive ab, die sich mir in der Gegenwärtigkeit des Beratungsprozesses zeigt. So lassen sich nahezu alle beratungs- bzw. supervisionsrelevanten Aspekte und Fragestellungen medial ausleuchten und häufig hierdurch erst einer Reflexion und Bearbeitung zugänglich machen.

Skulpturieren in der Supervision
- ein kurzer Einblick -

Prozesse, Ein-Stellungen und Einschätzungen können in der Supervision zeitweise so verlangsamt werden, daß sie einen 'Augen-blick' lang zu einem Standbild oder einer Skulptur 'gerinnen'. Die sichtbare und einfühlbare Statue oder Skulptur bildet als 'Moment-Aufnahme' einen 'heraus-ragenden' Bezugspunkt für die diagnostische und auswertende Arbeit im Prozeß der Supervision.

Stand - Bild / Bewegungsbild

Im Verlauf eines Supervisionsprozesses (mit regelmäßigen Sitz-
ungen) mit einem Mitarbeiter-Team (Bereichs-Leitung einer dia-
konischen Einrichtung) wurde zur 'Zwischenauswertung' nach ca.
einem Jahr eine Blocksupervision im Umfang von zwei Tagen
vereinbart.

Den Schwerpunkt sollte die 'Bestandsaufnahme' der jetzt vorhandenen Haltungen, Einstellungen und Befindlichkeiten der
einzelnen im Team sein. Auf dieser Reflexions-Grundlage sollten
weitere Ziele für die Team-Arbeit der vierköpfigen Leitungs-
gruppe erarbeitet werden. Neben dem sprachlichen Reflexionsteil
wurde in der Supervisionsgruppe ein analoges - nichtsprachliches
Reflexions-Element gewünscht und vereinbart; die Team-Statue.

Einlassungsphase ; Da es sich hierbei um einen körperbezogenen
Ausdrucksansatz handelt, ist eine Körper-bewegliche Einlassungs-
phase empfehlenswert. (Der Supervisor sollte in diesem Ansatz
geübt sein). Die Teilnehmer sollten (auch kleidungsmäßig) darauf
eingestellt sein.

Zum Ablauf der **Körper - und Bewegungs - Erfahrung** :

o ich stehe und spüre den Boden unter meinen Füßen. Durch das
Drücken der Füße gegen den Boden werden die Füße warm

o ich achte auf meine Haltung, in welchen Körperregionen
verspüre ich Spannungen. Meine Hände nehmen zu den
Spannungen Kontakt auf. Durch leichtes Massieren nehme ich
Einfluß auf die Spannungsbereiche

o ich spüre meine 'Verwurzelung' mit dem Boden. Ich schließe
meine Augen (wenn es geht) und bewege mich aus dem
Standpunkt heraus ohne meine Verwurzelung aufzugeben:"wie ein
Baum im Wind".

112

o ich balanciere auf meinem rechten Fuß/Bein und dann auf dem linken Fuß/Bein

o ich strecke mich nach oben - bis an meine Grenze - und dann mit gestreckten Armen zur rechten und zur linken Seite. Ich achte auf meine Atmung. Der Kopf ist gerade, der Hals ist frei und die Luft kann ein - und ausströmen

o ich gehe durch den Raum und erlebe mich in unterschiedlicher Geschwindigkeit, ganz langsam, langsam, schnell und ganz schnell, ich beschleunige und ich bremse (mich)

o ich be-wege mich, ich gehe einen Kreis, ich gehe ein Viereck, ich gehe ein Dreieck, langsam und schnell, ich durchquere den Raum, diagonal, gerade und in Schleifen

o ich begegne den Beteiligten, ich halte an, ich gehe weiter

o ich stehe wieder und spüre den Boden unter meinen Füßen

Anregungen und Hinweise für die körper- und Bewegungs-Arbeit in psycho-sozialen Beratungszusammenhängen sind heute vielfältig in der Literatur zu finden. Hier ein paar exemplarische Hinweise:

Moshe Feldenkrais
Bewußtheit durch Bewegung
'Der aufrechte Gang'

Katya Delakova
Beweglichkeit

Robert Cohan
Dance Workshop
Bewegung, Ausdruck, Selbsterfahrung

Charles v.W. Brooks
Erleben durch die Sinne

Die Einlassungs-Phase endet mit einem kurzen Feedback:

" wie habe ich meine **Ein-Grenzung** und wie meine **Be-weglichkeit** gespürt?"

Zum Verlauf der Statuenarbeit:

Jedes Team-Mitglied überlegt für sich: in welcher Position erlebe ich die Teamer und mich im beruflichen Leitungs-Alltag. Die **Position**, verbunden mit **Haltungen** und **Gesten**, soll mit den Körpern der Mit-Teamer und dem eigenen Körper in ein **Stand-Bild** und in einem sich direkt anschließende Bewegungs-Ausdruck (durch leichtes Überziehen der Haltungen und Gesten) in ein Bewegungs-Bild gebracht werden.

Jeder Teamer hat seinen Entwurf und jeder stellt - ohne Worte - das Team und sich selbst in die von ihm erlebte 'Figur'. Nachdem das Bild steht, spürt zunächst jeder in seine Position und Haltung hinein und nach Aufforderung durch den Supervisor wird die durch den 'Autor' angelegte Bewegung für einen Augenblick verwirklicht.

Wichtig ist, daß für den Prozeß des Aufbaus, des Positions-Fühlens und der Haltungs-Bewegung genügend Zeit - Raum vorhanden ist. Das Standbild kann - wenn vereinbart - mit einer Sofort- Bild-Kamera durch den Supervisor 'fest-gehalten' werden.

Nach jedem Stand-Bewegungs-Bild erfolgt eine kurze Auswertung:

o in welche Position und Haltung wurde ich gebracht

o in welche horizontale Richtung und auf welche vertikale Ebene wurde ich gestellt

114

o war es eine `Überraschung` – oder habe ich es `geahnt`

o waren Position und Haltung für mich annehmbar oder nicht

o welche Blockade und welche Abwehrneigungen machten sich bei mir bemerkbar

o welche Gefühle wurden in mir klar und prägnant

o welche Rückkoppelungsansätze und-Unterbrechungen wurden für mich sichtbar/spürbar

o welche Übereinstimmungen und Diskrepanzen (nah-weit-oben-unten) wurden im Vergleich zum "Alltags-Team" ausgedrückt

o u.a.

Zwischen jedem Standbild empfiehlt sich eine kurze Auflockerung (gehen durch den Raum o.ä). Nachdem jeder Teamer sein Stand-Bewegungs-Bild gestellt hat und eine kurze Auswertung stattfand, erfolgt die Gesamtbetrachtung. Diese eigentliche Auswertung bezieht sich auf die Unterschiedlichkeit und/oder die Gleichheit der Standbilder und der daraus erkennbaren Klarheiten und Un-klarheiten. Das Erleben in den gestellten Positionen und Haltungen wird grundlegend besprochen und reflektiert. Auf dieser erweiterten Wahrnehmungs-Basis werden weitergehende Ziele und Schwerpunktbildungen für den Team-Alltag und den fortzusetzenden Supervisionsprozeß erarbeitet, `festgehalten` und formuliert.

Anregungen und Hinweise zur Skulpturierung sind in der Literatur zur angewandten Familienbehandlung und Familientherapie auf systemischer Basis zu finden.

Hingewiesen sei auf:

o Gregory Bateson,
Die logischen Kategorien von Lernen und Kommunikation, in Ökologie des Geistes, Suhrkamp-Verlag

o Veröffentlichungen von Virginia Satir und Salvador Minuchin, Lambertus-Verlag

o Schweitzer, J., Weber, G.,
Beziehung als Metapher : Die Familienskulptur als diagnostische, therapeutische und Ausbildungstechnik, in: Familiendynamik 7/82

o Arist von Schlippe
Familientherapie im Überblick
Basiskonzepte, Formen, Anwendungsmöglichkeiten
Junfermann-Verlag

Skulptur / Natur - Collage

Im Rahmen einer arbeitsfeldspezifischen Weiterbildung nahmen Sozialarbeiter/innen und Sozialpädagogen/innen im Verlauf von zwei Jahren regelmäßig an der Gruppensupervision teil. Die 8 Teilnehmer/innen hatten während des Supervisionsprozesses Erfahrungen mit nicht-sprachlichen Reflexionsmethoden gemacht. Sie verabredeten mit dem Supervisor, daß die zweitägige Abschluß- Supervisions-Sitzung eine **mediale Exploration** zum Abschluß-Thema: Persönlicher und beruflicher **Entfaltungs-Stand** (Kompetenz- Feedback) enthalten sollte.

Die Blocksupervision begann mit der Phase des Hier-Ankommens, die dann in die Einlassungsphase überging. Die Einlassung vollzog sich über eine einfache Entspannungs-Übung mit Musik (vor der Flut; Hommage an einen Wasserspeicher). Anschließend nahm sich jeder Teilnehmer/ jede Teilnehmerin eine Stunde Zeit zu einem Erinnerungs-Spaziergang in der freien Natur. Die Aufgabenstellung hatte zwei Teile:

o Gehe in Gedanken den Weg der Weiterbildung und Supervision nochmal zurück und merke dir die Phasen, Inhalte und Vorgehensweisen, die für dich einen Wachstums- und Entwicklungs-Schub (mit oder ohne Abwehr!) be-deutet haben

o nimm Materialien der "Natur", die auf deinem 'Weg' zu finden sind und zu deinen Erinnerungen 'passen' und bringe Sie mit.

Die Teilnehmer/innen brachten eine Fülle sehr unterschiedlicher 'Natur-Materialien' mit: Gras, Erde, Steine, Äste, Blätter, Dosen, rostige Nägel, Drähte, Einkaufstüte, Verpackungs-Reste, usw. , usw.

Im großflächigen Supervisionsraum bekam jeder seine Ecke und Fläche , um dort mit den mitgebrachten Materialien seine Collage zu skulpturieren. Es entstanden 'Gesichter und Ausdrücke' mit Natur- Materialien. Jeder hatte ausreichend Gestaltungs-Zeit. Die Sprache war inzwischen 'ganz weg', jeder war ganz bei sich, seinem Erinnerungsweg und der Gestaltung der Natur-Collage.

Nach der medialen Exploration setzte sich jeder seinem 'Natur – Gesicht' gegenüber um zu entdecken, was darin Figur bekommen hatte und welche Botschaft darin für ihn enthalten war.

Nach einer entsprechenden 'Los-Lösungs-Pause' begann der 'Rundgang'. Alle Teilnehmer/innen stellten oder setzten sich gemeinsam zu einer Natur-Collage. Der 'Künstler und Autor' der Collage setzte sich, ausgestattet mit Stift und Papier, ein wenig abseits um 'nur' zuzuhören (und evtl. mitzuschreiben, was die anderen zu dem Natur-Gesicht verbal ausdrückten:

o freie Assoziationen / Phantasien
o Be-rührungen / An-gesprochen-sein
o Gefühle / Betroffenheit
o Erinnerungen u.a.

In einer 'Zwischenrunde' war Raum , um auszusprechen, was der 'Rundgang' beim Einzelnen in Bewegung und Kontakt gebracht hatte:

o welche Mitteilungen haben mich erreicht/getroffen?

o auf welche Spur bin ich gekommen?

o was gewinnt jetzt für mich Be-deutung, was bestätigt sich?

Nach vollendetem Rundgang hatte jeder Teilnehmer / jede Teilnehmerin Zeit zum Verarbeiten der 'Gesamteindrücke'.

Auf dieser Basis erfolgte (nach entsprechender Pause; am folgenden Tag im Supervisionsblock) die Arbeit an der eigenen Entfaltungs-Einschätzung im Hinblick auf die eigene Arbeits-Praxis (in Anlehnung an Richter/Fallner, Entfaltungs-Analyse):

o welche Potentiale habe ich für meine berufliche Tätigkeit?

o welche Quellen hat mein Potential?

o wie setze ich meine potentiellen Stärken ein?

o welche Defizite habe ich in meiner Arbeit?

o wie berücksichtige ich das?

o An welchen Defiziten will ich noch arbeiten, welche will ich wie integrieren?

o wie schütze ich meine empfindlichen Persönlichkeits-bereiche in der Arbeit?

o wie vor-sichtig gehe ich mit mir und meinen Empfindlichkeiten um?

o wie nehme ich Hilfe und Unterstützung in Anspruch?

o wie stütze ich mich in konkreten Situationen?

o welche unterstützenden Selbst-Verträge habe ich mit mir geschlossenen - welche stehen noch aus?

Die Darstellung der Selbsteinschätzung führte jeweils in die Korrespondenz mit der Einschätzung der anderen Teilnehmer /innen und des Supervisors. Nach dieser `ausführlichen` und intensiven `Kompetenz - Betrachtung` hatte jeder Gelegenheit, seine Natur- Collage nochmal zu betrachten und zu fotografieren (Polaroid), um das Bild, zusammen mit den eigenen Stichworten zur Entfaltungs- Analyse, mit nach Hause in die eigene Praxis zu nehmen.

Die Blocksupervision ging zu Ende mit einer (kurzen) beweglichen Abschieds-Meditation nach der Musik von der Gruppe KARAT `Der Fahrradverkäufer` (LP "Fünfte Jahreszeit").

Die Weiterbildung , in deren Rahmen die Supervision stattfand, endete ca. 4 Wochen später mit einem kognitiv - inhaltlichen Kolloquium.

Im URSEL BUSCH FACHVERLAG

sind folgende Titel erschienen:

Lebenskurven

Autor	: Heinrich Jürgenbehring
ISBN	: 3-927370-01-0
VK	: 16.80 DM

Ein Buch mit Erzählungen und Gedichten. Dem Autor gelingt es, Augenblicke, Ereignisse und Begegnungen, die unser Leben verändern können, phantasievoll zu beschreiben.
Ansatzpunkt ist die "Lebensmitte", die viele Menschen zwingt, auf das bisher Erfahrene zurückzublicken. Dabei wird deutlich, daß es nicht möglich ist, das "Rad der Zeit " zurückzudrehen oder zu stoppen.
Dem Anspruch: "Alles Persönliche ist politisch" wird der Autor gerecht, indem er die persönliche Lebenssituation Einzelner mit gesellschaftspolitischer Realität verbindet. Er fordert uns auf, "politische Verantwortung" zu tragen.
Der Autor ist durch Gedichte und Essays in Publikationen, sowie durch Rundfunkandachten bekannt.
Erzählungen und Gedichte, die zum Lesen einladen. Ein Buch für viele Gelegenheiten und als persönliches Geschenk.

Kollegiale Beratung

Autoren   : Heinrich Fallner; Hans-Martin Gräßlin
ISBN   : 3-927370-05-3
VK   : 24.80 DM

Die Notwendigkeit einer Praxisbegleitung für Anfänger und die professionelle Beratung und Supervision in besonderen Problemsituationen ist in sozialen Feldern grundsätzlich anerkannt. Im weiten Bereich der normalen Arbeitsabläufe ist aber ein Beratungsbedarf nur schwer zu legitimieren. Die Isolierung der Mitarbeiter in ihren persönlichen Fragestellungen und ihr "Unberatensein" wird oft schmerzlich empfunden. Das Angebot der Kollegialen Beratung füllt diese Lücke mit überraschend einfachen Mitteln. Das Verfahren ist kostengünstig und zeitökonomisch. Es kann stundenlange, ermüdende Konfliktgespräche ersparen. Es konzentriert sich auf die Sache. Das Verfahren verhindert, daß ein/e betroffene/r Kollege/Kollegin "überfahren" wird. Es ermöglicht Kollegialität. In der Regel erweist sich die Mitarbeiterhierarchie und die unterschiedliche Kompetenz von Mitarbeitern in Gesprächen als hinderlich. In der Kollegialen Beratung können sie eine Bereicherung bedeuten. Die Form der Kollegialen Beratung verhindert vorschnelle Bewertung und "Über-Emotionalisierung". Sie gibt dem, der eine Fragestellung eingebracht hat, die Chance, in der Alltagspraxis seine eigene Lösung mit neuen Gesichtspunkten zu finden.

Wer braucht noch ein Adjektiv ?

Autorin   : Annette Old
ISBN   : 3-927370-02-9
VK   : 39.80 DM

Sechs Spiele (kartoniert) mit "Wortarten-Lotto" für Anfänger, Fortgeschrittene und "Kenner"; Satzbau-Spiel; Wortarten - Memory und Partner-Such-Spiel, einschl. Handbuch mit ausführlichen Spielanleitungen und Vorschlägen zur weiteren Differenzierung.

Die Spiele sind so didaktisch aufgebaut, daß Kinder im Alter von 9 - 13 Jahren Spaß haben können an den Grundlagen der Grammatik im Deutschunterricht, die oft langweilig und mühsam erlernbar sind.

Ansatzpunkt ist die Einsicht, daß Kinder die Dinge, mit denen sie im Leben konfrontiert werden, am nachhaltigsten durch Spielen bewältigen - denn Spielen bedeutet für Kinder hohe Anforderungen, verbunden mit großer intensiver Lernmotivation.

Die hier angebotenen Lernspiele für den Deutschunterricht sind von der Autorin in der Praxis vom 5. und 6. Schuljahr am Gymnasium und an Gesamtschulen entwickelt und mit großem Erfolg erprobt worden.

Songs in Action

Autorin   : Annette Old
ISBN   : 3-927370-10-X
VK   : 26.80 DM

Die in dieser Sammlung enthaltenen Lieder behandeln Themen des fünften und sechsten Jahrgangs gemäß den Richtlinien des Faches Englisch für Gesamtschulen in NRW.

Diese Lieder wurden im Rahmen von Unterrichtseinheiten als motivierende Möglichkeit der Einführung und Festigung von Wortschatz, Strukturen usw. konzipiert. So kann mit diesen Liedern ein Teil des Grundwortschatzes dieser Jahrgänge "spielend" erworben werden. Einige dieser Lieder können bereits in der vierten Klasse der Grundschule eingesetzt werden. Damit diese Lieder u.a. auch in der Grundschule eingesetzt werden können, hat die Autorin die Liedertexte in der an vielen Grundschulen eingeführten "vereinfachten Ausgangsschrift" handschriftlich erstellt. Die Autorin ist der Meinung, daß, wenn wir Schönschrift wünschen und die damit verbundene ästhetische Erziehung ernstnehmen, müssen wir selbst Vorbild sein und die Kinder so häufig wie möglich mit "schöner" Schreibschrift konfrontieren.

Zu einem späteren Zeitpunkt veröffentlicht die Autorin eine Materialsammlung mit Ideen und Vorschlägen für die Unterrichtspraxis in Form von vorgestelllten Arbeitstechniken bzw. Arbeitsblättern. Ziel ist es, anhand jeden Liedes exemplarisch konkrete Spiel-, Sprech- und Schreibanlässe bis zur Konzeption einer Klassenarbeit vorzustellen.

Lieferumfang von "Songs in Action: Liedercassette, einschl. Materialmappe mit Liedertexten.

Handlungsmodell Supervision

Autoren   : Renate John; Heinrich Fallner
ISBN   : Alt: 3-922652-00-X   Neu: 3-927370-09-6
VK   : 24.80 DM

In diesem Buch wird ein Handlungsmodell für Supervision vorgestellt. Die Supervisionsvorgänge sind in ihren Zusammenhängen erkennbar. Arbeitsansätze werden in vier Abschnitten erklärt und begründet. Im ersten Abschnitt geht es um die Bedingungen, unter denen Supervision stattfindet. Der Zusammenhang zwischen strukturellen Bedingungen und in der Supervision wirksamen Bedingungen wird thematisiert.

Im zweiten Abschnitt wird das Handlungsmodell in den Einzelteilen vorgestellt. Das Bedingungskonstrukt wird als Grundannahme für die systemische Reflektion und Veränderung des beruflichen Handelns eingeführt. Die Beziehung zwischen Supervisor und Supervisand wird als Arbeitsbeziehung beschrieben. Kritische Stellen werden aufgezeigt.

Im dritten Abschnitt geht es um die Vorgehensweise innerhalb der einzelnen Supervisionsphasen. Die Phasenbeschreibung ist für praktizierende SupervisorInnen und Supervisanden eine Hilfe für die eigene Ortung im Supervisionsprozeß.

Die Stichworte im vierten Abschnitt sind Reflektions- und Kontrollstandards, Materialien und Übungen für die Supervisionspraxis. Sie sind für die Supervisionspraxis als Interventionsmaterial entwickelt und erprobt. Es ist über die Supervision hinaus auch für verwandte Beratungsformen umsetzbar und anwendbar.

Das Buch will zur Transparenz der Supervisionsarbeit und des Supervisionsprozesses beitragen. Es ist ein Anliegen, Ansätze empirischer Überprüfbarkeit für die Supervision herauszufinden.

Der kleine Unterschied

Autor : Raimund Erger; Manfred Molling
ISBN : 3-927370-08-8
VK   : 26.80 DM

Aufgrund ihrer Analyse psychosozialer Zusammenhänge und ihrer Auswertung von Interviews kommen die Autoren zu dem Schluß, daß Männer wie auch Frauen im Sozialbereich einer Ideologie der sozialen Harmonie und Androgynität nachhängen.

Brüche in der Lebensbiographie, Rollenunsicherheit, Rivalität, Neid, Macht, Erotik sind geläufige Themen.

Wenn sie nicht dem eigenen Idealbild entsprechen, werden sie entweder schlichtweg geleugnet, auf andere projeziert, bagatellisiert oder schuldhaft als etwas Defizitäres eingestanden.

Unausbleibliche Folge: Die beiden Geschlechter bleiben sich fremd, sowohl oder gerade weil Männer wie Frauen sich um progressive Vorurteilsfreiheit bemühen. Das Buch wendet sich an SupervisorInnen, TherapeutInnen, SozialpädagogInnen, PsychologInnen, Studierende und Supervisanden.

An der Liebe kommst Du nicht vorbei

Autorin   : Renate John
ISBN   : 3-927370-13-4
VK   : 16.80 DM

Die bewundernswerte Klarheit in der Wortkonstruktion, das bis ins Detail gehende enorme Einfühlungsvermögen in vielen Glaubensfragen sind die typischen Merkmale vieler Textstellen, die den Lesern mitten ins Herz treffen, ohne jedoch sentimental zu wirken. Sie lenken den Blick auf wesentliche Aspekte des Glaubens und der Neubesinnung, auf Hoffnung und Gefühlstiefe unserer Seele. Anstelle der Resignation tritt der Mut zum Optimismus.

Die Autorin will wachrütteln und zum Nachdenken anleiten, den Herausforderungen des Lebens nicht nur mit Zweifeln und Angst, sondern mit mehr Glaubensstärke zu begegnen. Dabei hält sie sich nicht bei Vordergründigkeiten auf. Hierzu zählt ein tiefgründiges Ausloten auch von nicht alltäglichen Problemen. Das vorliegende Buch ist ungemein eindrucksstark. Auf ungewöhnliche Fragen gibt die Autorin ungewöhnliche Antworten. Es ist ein fundiertes, konzentriertes, nicht alltägliches Buch mit einer feinen Ästhetik in der Wortwahl, geistvoll, jedoch nicht hochtrabend oder überheblich. Ein Buch für die Erwachsenenbildung und Gemeindearbeit, und zum Verschenken bei vielen Anlässen.

Angebote 93

Anschriftenverzeichnis der Mitglieder der Deutschen Gesellschaft
für Supervision e.V.

Herausgeber	: Deutsche Gesellschaft für Supervision e.V., Köln
ISBN	: 3-927370-12-6
VK	: wird vom Zentralen Sekretariat der DGSv als Einzel-

exemplar kostenlos abgegeben.

Adresse: Zentrales Sekretariat der DGSv

Amselstraße   13

4955 Hille 7

Telefon 05734-1087 . Telefax 05734-3049

Das Anschriftenverzeichnis der Mitglieder und der Institutionen
wird jedes Jahr auf den neuesten Stand gebracht.

Geplante Veröffentlichungen 1993/94 im UBFachverlag :

Angst in Gruppen und Institutionen
Autor: Harald Pühl
ISBN: Alt: 3-596-42304-X, Neu. 3-927370-16-9
VK: 28.60 DM

Im Vordergrund steht der konstruktive Anteil von Angst in Gruppen-
prozessen. Nach Beobachtung des Autors wird Angst über offene
oder verdeckte Strukturen gebunden. Mythenbildung dient in Arbeits-
gruppen zur Verarbeitung und Kanalisierung von Angst. Der Autor
versucht auf dieser theoretischen Grundlage eine praxisnahe Weiter-
entwicklung des gruppenanalytischen Konzepts von Foulkes.

Konzepte
Handlungsansätze aus der Medienintegrierten Supervisorenausbildung
der Akademie Remscheid
Herausgeber   : Verband für Kommunikationsberatung
                und Supervision e.V. - VKS -
ISBN   : 3-927370-04-5
VK   : 24.80 DM

Bibliodrama
Praxisbuch für die Erwachsenenbildung und Gemeindearbeit
Autoren   : Hermann Brandhorst, Heinrich Fallner, E. Natalie
                Warns
ISBN   : 3-927370-07-X

Ganzheit und Integration
Medienintegrierte Ansätze in Beratung, Supervision und Bildungsarbeit
Herausgeber : Verband für Kommunikationsberatung
und Supervision e.V. - VKS -
Akademie Remscheid für musische Bildung und Medienerziehung - ARS -
ISBN : 3-927370-14-2
VK : 19.80 DM

Über die Grenzen hinaus
Ein Gedichtband für die Erwachsenenbildung und Gemeindearbeit.
Autorin : Renate John
ISBN : 3-927370-15-0
VK : 16.80 DM

Das **PWI** informiert:
Bibliodrama

- **Körper und Bewegung im Bibliodrama und in der Beratung**
Intensiv-Workshop für BibliodramaleiterInnen und Beratungsfachkräfte

- **Theologieseminare für die Bibliodramaleitung**

- **Bibliodrama in Aufbauform; Weiterbildung**
4 Kursabschnitte in ca. 2 Jahren, Bibliodrama-Supervision

- **Bibliodrama Vertiefungs-Workshop für BibliodramaleiterInnen**
Intensiv-Workshop für praktizierende BibliodramatikerInnen

- **Bibliodramaworkshop: Einführung in das Ganzheitliche Bibliodrama**
Workshop zum Kennenlernen -Karwoche-

- **Ästhetik im Bibliodrama**
Intensiv-Workshop für praktizierende BibliodramatikerInnen

- **Qualifizierung zur Bibliodramaleitung**
4 - jährige Weiterbildung zur Leitung und Beratung der Bibliodrama - Arbeit

- **Kontrollsupervisionsgruppe für BibliodramaleiterInnen**
Bielefeld 10 Treffen pro Jahr

Ausschreibungen für die Weiterbildungsangebote senden wir Ihnen auf Wunsch zu.

PWI Privates Weiterbildungsinstitut für Beratungs− und Bildungsarbeit GmbH
Amselstraße 13 . 4955 Hille
Telefon 05734−5757 . Telefax 05734−3049
Geschäftsleitung: Ursel Busch . Studienleitung: Heinrich Fallner

Das **PWI** informiert:

Beratung · Leitung

- **Supervision mit Teams und Rollen in Organisationen**
  Weiterbildung für SupervisorInnen
  5 Kursabschnitte im Verlauf von 2 Jahren

- **Gestaltarbeit in der Supervision und Psychosozialen Beratung**
  Weiterbildung für SupervisorInnen und Beratungsfachkräfte
  6 Kursabschnitte (2 x 5 Tage, 4 x 3 Tage) im Verlauf von 2 Jahren

- **Prozessuale Familienberatung**
  Weiterbildung für Fachkräfte in sozialen und pädagogischen Handlungsfeldern
  5 Kursabschnitte im Verlauf von 3 Jahren

- **Integrative Kommunikationsberatung**
  Weiterbildung für MitarbeiterInnen in psychosozialen und pädagogischen
  Arbeitsfeldern und Einrichtungen
  (in Kooperation mit dem Verband für Kommunikationsberatung und Supervision e.V. - V K S -)
  6 Kursabschnitte im Verlauf von 2 Jahren

- **Kollegiale Beratung**
  Weiterbildung für LeiterInnen und Beratungsfachkräfte zur Reflexion des
  beruflichen Alltags
  3 Kursabschnitte a. 3 Tage im Verlauf von einem Jahr

- **Training: Selbst - Management und Leitungsaufgaben**
  Weiterbildung zur Selbst-Kenntnis und Selbst-Unterstützung in der Leitungs-Diagnostik,
  Intervention und Konzeption
  6 Kursabschnitte im Verlauf von 2 Jahren

- **Supervision für Leitungsfachkräfte**
  Kontrollsupervisionsgruppe in Bielefeld

- **Kontrollsupervisions-Gruppe für SupervisorInnen**
  Gruppen in Bochum . Bielefeld . Rotenburg/Wümme (Raum Bremen)

Ausschreibungen für die Weiterbildungsangebote senden wir Ihnen auf Wunsch zu.

PWI Privates Weiterbildungsinstitut für Beratungs— und Bildungsarbeit GmbH
Amselstraße 13 . 4955 Hille

Telefon 05734—5757 . Telefax 05734—3049

Geschäftsleitung: Ursel Busch . Studienleitung: Heinrich Fallner